罗盛教

中国梦·青少年致敬英雄篇

编 著：孙莹莹

黑龙江美术出版社

图书在版编目（CIP）数据

罗盛教 / 孙莹莹编著.-- 哈尔滨 : 黑龙江美术出版社, 2019.11（2020.7重印）
（中国梦. 青少年致敬英雄篇）
ISBN 978-7-5593-5740-3

Ⅰ. ①罗… Ⅱ. ①孙… Ⅲ. ①罗盛教（1931-1952）- 生平事迹 - 青少年读物 Ⅳ. ①K825.2-49

中国版本图书馆CIP数据核字(2019)第267785号

中国梦 · 青少年致敬英雄篇 · 罗盛教

ZHONGGUOMENG · QINGSHAONIAN ZHIJING YINGXIONG PIAN · LUOSHENGJIAO

编　　著/ 孙莹莹
责任编辑/ 陈颖杰
装帧设计/ 王　瞰
出版发行/ 黑龙江美术出版社
地　　址/ 哈尔滨市道里区安定街225号
邮政编码/ 150016
发行电话/（0451）84270514
经　　销/ 全国新华书店
印　　刷/ 三河市兴国印务有限公司
开　　本/ 720 × 1020　1 / 16
印　　张/ 11
字　　数/ 100千
版　　次/ 2019年11月第 1 版
印　　次/ 2020年 7 月第 2 次印刷
书　　号/ ISBN 978-7-5593-5740-3
定　　价/ 20.00元

前　言

凡可称经典者，必具备以下特质：第一，经由人类文化、文明史千锤百炼般检验后依然万古长存，深受一代代读者的垂青和热读；第二，不会因为社会政治、经济、文化环境的变迁而改变传播命运；第三，所蕴含的人生理念、美育观点、知识能量、人伦教理，永远是人类正能量取之不竭的源泉，即所谓的“源头活水”；第四，具有人类普世的价值内核。当然，经典有时会表现出那么一点点的不与时俱进，有时还会表现出那么一点点的非现代化，但是经典永远不会引领人类走向歧途。对于一个民族来说，没有经典文化的代代传播和代代阅读，这个民族就没有立足世界的本根；同样，没有经典的世界，也就妄谈人类文明。经典文化犹如快速奔跑、努力拼搏着的人类的老母亲，她会在你有些忘乎所以的狂热之时提醒你一句：放慢脚步，等一等你的灵魂。正因为如此，在人类现代化程度如此之高的21世纪，阅读经典的热潮才会一波高过一波，这是人类的希望所在。因为人类没有因为高科技带来的现代化快节奏生活而忘记深情回望一眼自己的母亲，再聆听一下母亲那似乎有些老套但绝对本质的叮咛。

“少而好学，如日出之阳。”从青少年开始阅读经典，会牢牢铸就孩子一生的营养健康基因。这种营养的投入，就像某种产品的间接成本，说不上它作用于孩子未来的哪一个方面，但绝对是成就孩子理想健康人格和综合素质所必要的。

这套用眼镜蛇卡通形象为标识的青少年版经典文化书系，由三个系列组成，第一系列——“影响孩子一生的国学典藏书系”，它荟萃了中华文化浩瀚海洋中的精华，从古老的《诗经》到浪漫的唐诗、宋词、元曲、明清小说，从经典的蒙学读物到诸子的智慧篇章，从充满想象力的神话故事到上下五千年的历史……可谓循序而进，万象毕集。第二系列——“中国孩子必读的世界经典名著书系”，它汇集了世界经典文学读本，意在通过世界不同国家的经典名著的阅读，打开孩子观望世界的窗口，培养孩子博大的文化胸襟、融入世界的思维方式和情感趋向。毕竟，人类已经进入了地球村的时代，世界经济也正在走向一体化。第三系列——“中国梦·青少年致敬英雄篇”，它囊括了为国牺牲、献出年轻生命的英雄们的故事，刘胡兰、董存瑞、雷锋等人物形象历历在目、栩栩如生，旨在让青少年在阅读中重温过去，了解历史，感受革命与传统的震撼，感受红色浪潮的冲击，从而受到爱国主义、民族精神的教育。

最后须要强调的是，“经典”是一个开放的系统，因此本套“眼镜蛇经典文化书系”在现有诸多品类的基础上，还会不断增加新的内容，以满足青少年读者对阅读的渴望。

编　者

目录

机灵的伢子

罗盛教，1931年生于湖南省新化县。由于家境贫寒，1942年，十一岁的罗盛教才进入了离马龙坳三里地的文德学校。罗盛教的父亲和母亲，一心想让孩子认几个字，别像自己一样成睁眼瞎。罗盛教只念了一年半就失学了，为了有口饭吃，父亲将他送去当了道士。十四岁那年，他不得不到镇上叔叔开的杂货铺帮工。

在罗盛教上学期间，中午放学休息时间短，路稍远的孩子都不回家，他们来学校时，装书的竹篮里就带着午饭。班里有一伙有钱人的子弟，带的饭是腊肉片子，盖在米饭上。当时人们正忙着插秧，农活很重，而去年存的玉米、大米又不多了，穷人家的孩子就只好勒紧裤带苦熬着。

罗盛教上学，母亲特意给他多带半碗薯米饭——是用切碎的红薯拌少量大米蒸成的。学校里富家孩子多，因为罗盛教学习成绩拔尖，就招来富家孩子的嫉妒。他们抱着不服气的心理，处处找罗盛教的碴儿，挑他的错儿。

一到吃午饭时，老师不在教室，一些富家的孩子就乘此机会惹是生非，口角斗殴。所以，每到吃饭时，罗盛教就悄悄避开他们，一个人绕到围墙的后面，打开竹篮子吃饭。

这天中午，罗盛教正站在墙后狼吞虎咽地吃着薯米饭，一些富家子弟偷偷地围了上来，他们一面抹着油嘴，一面嘲笑罗盛教穿的破布裤子和露肉的破衫子，丢人现眼，还说罗盛教竟然把薯米饭端到学校来吃，他们闻见都恶心！其中一个说：昨天一块红薯掉到地上，罗盛教还捡起来吹一吹，放进嘴里哟！这些富家子一听，都哄笑起来。

罗盛教瞪着一双气得冒火的眼睛，一语不发，他不禁想起母亲给自己盛饭时的情景：为了给自己多带一口饭，妹妹明明只吃了一碗，可她硬说已经吃饱了，说什么也不让母亲给她添饭，急得母亲端碗的手直打颤。碗里这一粒粒薯米子，凝聚着全家人的汗水和泪水呀！

想到这儿，罗盛教瞪着双眼，忽地弯下腰，从竹篮里取出砚台，提在手里，脸色由红变紫、紫里泛黑，说道：“我吃我的薯米子，关你们什么事！”罗盛教摇摇手里那沉甸甸的砚台说：“你们别以为我好欺负，谁头上想开口子，谁就上来！”那些富家子望着罗盛教手里的砚台，怕吃亏，只好带着嘲笑声一哄而散。

黄昏时，罗盛教回到家里，他把碗放进柜里，对母亲说：“妈妈，明天我上学，不带饭了。”

“回来吃吗？”母亲问。她见罗盛教摇了摇头，又说：“那样会饿坏你的。再说，饿得心慌，字也写不端正啊。”

“不要紧，我早上去时吃饱了，晚上回来再多吃些，饿不了的。”罗盛教说着，转身就往外走。

母亲忙问：“做什么去？”

罗盛教说：“听说有个吴先生从省城回来探亲了，我想求他给我讲一个字。”说着摇了摇手里的书。

“学校的老师不会讲吗？”

罗盛教答道：“老师讲了，我觉得他讲得不

对。问别的老师，也都讲不准！”

看到这些，罗盛教母亲打心眼里喜欢儿子的好学、认真，于是就叮嘱他：“对的，念书认字，有不懂的，就要勤问人家当先生的。”

那天晚上，罗盛教请教吴先生：“老师，你给我讲一讲，‘功亏一笼’是什么意思？”

“什么‘功亏一笼’，这‘笼’字怎么写的？”老师问。

罗盛教翻开书本说：“就这个字：竹字头下边一个贵字。”

吴先生笑了：“小伢子，这念‘篑’，不能念‘笼’。”

“念‘篑’字？老师教的，念‘笼’。”罗盛教说。

“咳！老师错了。”吴先生失望地摇着头，嘴里念念有词：“山乡偏僻，先生也不学无术，误人子弟！误人子弟啊！”

第二天上午，最后一节课是国文。学生们咿咿呀呀背书时，和罗盛教同桌的肖勤，把“篑”字的音正了过来，而且有意背得响些。在一片杂乱的声中，这个奇怪的“功亏一篑”引起了国文老师的注意，他把木制的黑板擦在教桌上磕得啪啪响，教室里琅琅的读书声很快静了下来。就像有人在水塘里丢进块石头，一片蛙声随即平息了一样。

国文老师严厉地问道：“是谁别出心裁，把‘功亏一笼’读作什么‘功亏一鬼’？”肖勤之所以把字音正了过来，是早上朗读时，罗盛教教的。现在见老师追查，他不知如何是好，偷偷望了罗盛教一眼，把头埋得低低的。

罗盛教觉得，老师教错了，就应该纠正，这是正大光明的事，他很快从座位上站了起来，从容地答道：“报告老师，不念‘笼’，也不念‘鬼’，念‘篑’。”

“罗雨成！”老师喊到“成”字时，五根指头在课桌上重重地敲了一下，“小小年纪，才念了几天书？难道你比我这当先生的还有能耐！”

“方老师，人家……”

“人家，人家怎么念我管不着！反正我念‘笼’，你就得听我的。就是错了，你也得照我这个念。”老师说着提高了嗓门：“罗雨成，你跟着我重念三遍：功亏一笼！”

罗盛教不吭声，教室里鸦雀无声。他猛然想起了母亲和父亲的一次谈话。

那是他在被窝里睡醒时听来的："咱家穷，可志不穷，穷人如果再穷得没骨气，那简直连狗也不如，活在世上还有什么意思呢……"

老师见罗盛教不服管束，就取下三尺长的竹板，来到罗盛教的座位前，冷冰冰地说："给我伸出手来！"

罗盛教见事情不好，离开座位退到了墙边，老师又紧逼着，提高了声调："给我伸出手来！"一些富家子见罗盛教毫无惧色，反而把手掌藏在背后紧贴住墙壁，就狐假虎威地喊起来："打！让老师打！"

老师见有学生起哄，居然举起竹板，照着罗盛教的腰斜抽过来。罗盛教灵巧地一闪，差点闪了老师的手腕子。老师恼羞成怒，索性又照着罗盛教的头上扬起了竹板。罗盛教一看不妙，绕着课桌拔腿就走，边走边说："我们上学认错字，那还不如不上学呢！哪有先生逼着学生认错字的！"

也有些学生叽叽喳喳地附和罗盛教："就是嘛，哪有学生认对了字，反而该挨竹板的。"

老师听到学生里也有了分歧，就像喝了花椒水一样，瞪眼，咧嘴，也顾不上自己穿长袍的身份了，追着吼着："罗家怎么生出你这个没有教养的小子，老子就不信，我管制不了你，看我怎么收拾你！"

罗盛教见老师出口伤人，也激怒了，便反唇相讥："你家能人多，吃白米认白字，出了你这个白眼先生！哄我们，骗人！"

老师气得面红脖子粗，气急败坏地追打着罗盛教。一伙富学生乘机起哄地喊叫："打！打！"并趁着大乱，把一条长凳子偷偷往罗盛教刚刚跑过的地方踢了踢，老师扑过来，差点绊个狗啃地。在老师龇牙咧嘴地弯腰揉膝盖时，罗盛教接过肖勤递过来的竹篮，一溜烟地跑出了校门。

校门外云白山青，水绿竹翠，一阵轻风拂过，罗盛教鼻子发酸，心里难过极了。自己一个心眼想读书，父母亲辛苦持家，省吃俭用，尽全力供自己上学，可富家子那一张张讥讽的面孔，老师那饿狼一样的追打与号叫，像一桶桶冰水，泼灭了自己痴心念书的热情。

罗盛教回到家里，声泪俱下地对父母述说了在学校的遭遇。

父亲听罢，虽也觉得儿子说得有理，可又怕他因此而失去读书的机会，就劝说道：“先生打学生，不就是为一个字嘛，错也罢，对也罢，给先生赔个礼，再往下学几天！”

罗盛教说：“错了不认账，反而打人，我不去！”

母亲见儿子铁了心，就赞同地对他父亲说：“孩子说得有理儿，花钱在学校学错的，让人欺骗，还不如让他跟你插秧去，你不是正愁忙不过来吗。”

下午，学校让一个学生给罗家捎来一张纸条，上面写了十个字：“雨成逃学，愚顽不可雕也。”

从此，罗盛教失学了。

祸不单行，罗盛教失学后不久，国民党抓壮丁抓到了罗盛教的父亲，母亲好说歹说，直到答应在年内交出60块大洋买丁顶替，才让乡丁放了罗盛教的父亲。

可是，穷人家到哪儿去弄那么多钱呢！只好去卖牛，卖猪，借钱。庄稼人没有了牛，可怎么行呀?

漆黑的夜里，父亲久久地蹲在牛栏边，木雕泥塑一般；母亲坐在炕沿上，擦着不断流出的泪水，一场深重的灾难，降临到罗家头上……

穷人没了牛，就得洒出更多的汗水。秋天，稻谷终于有了收获。全家人挑的挑，背的背，先给财主家去交粮。管家硬说稻米不干净；抬到场上摇动风车拼命地扇，把不少米粒给扇了出来。罗盛教的妹妹对粮食分外珍惜，她走过去，用小手把带糠的米粒往口袋里装。管家停了风车，横眉冷眼地说："在我家场里扫稻糠，哪有这个规矩，这米是我家的。"

妹妹不服气，"让你嘴硬！看我收拾你！"管家说着卷起袖子就要打。罗盛教忍无可忍，他双手叉腰，气昂昂地站在了管家的面前，把妹妹挡在身后。

管家扭头一看，罗盛教的父母也怒容满面。他怕吃眼前亏，就把树条子一摔，说道："我找东家去，姓罗的种的粮食，我没有本事收！"说罢气冲冲地走了。

这一次，粮食没"交"成。

在火坑里挣扎的生活，使罗盛教幼小的心灵充满了对财主的憎恨。富家子嚼着腊肉片子，为啥要欺负穷伢子？老师明明教错了字，为啥要反咬一口？管家收粮，又为啥那么凶？……一桩桩往事，给罗盛教提出了一连串的疑问。

有一天，罗盛教问父亲：“财主有钱有势，他儿子、他的堂弟、他的管家也都那么霸道，这是为什么呀？”

父亲望着一天天懂事的孩子，想了想，沉重地叹了口气，忽然反问：“你没见过，每到逢年过节，财主家都要给山下的小龙王叩头烧香吗？”

父亲见罗盛教疑惑地望着山脚下那个孤零零的小龙王庙，什么也答不出，父亲又说道：“人家财主的福厚命大，财主说是因为他的祖宗找到了好风水，葬进了龙口里。可咱罗家，好几辈子人都葬在这个地方呀！”

父亲说着，往正对面的山上指了指。罗盛教一抬头，山上石头垒起的狮子口就一清二楚地呈现在眼前，罗家因为穷，连一块小小的坟地也给财主家侵吞了，祖辈的穷骨头，不得不落葬在这山上的狮子口外。罗盛教心里纠结着，解不开的疑惑，使他更加烦闷和苦恼，平时就寡言少语的罗盛教，显得更沉默了。

马龙坳地处多雨地区，前几天虽然下过一场雨，但燥热的天气仍令人感到窒息。

一天，罗盛教和妹妹在狮子山上打柴，他擦汗时，看到山下小龙王庙前的河沟里涨满了水，许多和他一般大小的伢子脱得赤条条的，在水里扑腾嬉戏，罗盛教就把柴刀一扔，说道："妹妹，你歇会儿，看着柴，我热得不行。"

妹妹看哥哥边说边脱衣衫，知道他要下河沟玩水，就指着远远的小龙王庙，煞有介事地吓唬说："龙王爷用两只眼儿瞪你呢，你敢下！"

翻修小庙宇，叩首敬香烛，财主向来是最殷勤、最虔诚的，罗盛教望着小小的龙王庙，仿佛是望着财主家的祖宗牌位似的，他"呸"地唾了一口。

妹妹见罗盛教拿她的话当耳旁风，又换了口吻："哥哥，别和龙王爷赌气了。我也到河边去，给你看衣服。河水深，当心啊。"

兄妹俩挑着柴捆向河沟走去，小伙伴们老远就招手欢迎。伢子们在水沟里开心极了，罗盛教领头，捏住鼻子扎进水底，从这一头钻到那一头，看谁钻得最远，寻找在水中游来游去的小鱼。

伢子们正在水里钻得过瘾，忽然“咕咚”一声，水花溅得老高，不知谁把一块石头扔进了水中。他们钻出来，抹去脸上的水四处张望，除了十多丈远的岸边坐着正往头上插山花的罗盛教的妹妹外，近处只有财主的儿子，他倒背双手，半仰着头望着岸边的野葡萄树，装作没事人一般。

在伢子们又一次钻进水里时，“咕咚”又是一声，这一次石头大，水花溅得高，连伢子们堆在岸边的衣裳也溅湿了。有几个伢子气不过，就气呼呼地骂起来：“是哪个孬种扔石头？”

财主家的儿子忍不住了，也转过身来对骂起来。

小伢子骂仗，像一窝炸了巢的喜鹊，叽叽喳喳不可开交，要多难听有多难听。财主的儿子坐在岸沿，一个人骂一群，他正骂得得意时，罗盛教冷不防从他眼前的水里钻了出来，伸手要抓他的脚：“来来来，骂了好一阵，口也干了，下来喝一口哟！”

财主的儿子翻身爬起来就跑，水里的伢子们故意拍着手嚷嚷：“追上了！追上了！”他一着急，摔了个大元宝，呜呜地哭了起来，水里的伢子们笑得直蹦。

这时，他的哥哥放学回来，正好从这里经过，他见弟弟哭号不止，就问："谁欺负你啦？""雨成……雨成……他……"

他哥哥也不问青红皂白，就往水边走来。弟弟一看有哥哥撑腰，满脸眼泪鼻涕的哼哼唧唧地紧随在后边。

哥哥以为自己个头大，又是弟兄俩，而罗盛教两手空空，便厉声质问："你干吗打人？""谁打他啦？你先问问他，为什么往水里扔石头，吓唬我们？"罗盛教往前挪了一步，毫不示弱。

弟弟抢过话头："我哪往水里扔啦？我妈要马蜂窝做药引子，我见野葡萄上有蜂窝，抛石块打，是石头滚到河沟里的！"他说着，指着身边的一大蓬野葡萄。大伙一看，葡萄蔓上果然倒悬着一盘碗大的蜂窝，马蜂也嫌天气热，在窝上爬了一层。

哥哥眼珠一转，出了个想讨便宜的歪点子："我君子不记小人过，你要能把这马蜂窝打下来，今天这个事，我不追究了，怎么样？"他知道自己的母亲害病，山里的草医开了个土方子，急需用马蜂窝。他见罗盛教不吭声，又说："要是把马蜂窝弄下来，给我家交粮的事儿，我给管家说一声，保准成，这对你家也好。”

罗盛教一眼就猜透了这兄弟俩花招：蜂蜇了我，恰好给你们出了气；蜇不上，你们落个马蜂窝。

憋着一肚子气的罗盛教，眼里简直要迸出火星子：你爸爸吃香的喝辣的，欺压乡邻，你们也仗势讹诈，作践别人。罗盛教本想和他们兄弟拼一场，突然又看见妹妹离这儿不远，闹起来可能她会吃亏，就强忍了忍。

罗盛教又瞄见傻头呆脑的弟弟，心里一动，便问：“蜂蜇了人，怪谁？”

哥哥鬼点子多，在学校里是出了名的。他歪着头想片刻说：“我说咱们统统下水，打了蜂，咱们扎猛子往前钻一截，马蜂找不见，追不上，谁也不挨蜇。”

小伢子家谁不爱看热闹，于是就照哥哥说的，全都赤条条地下了河沟，半蹲在水里。远远望去，耀眼的阳光下，在亮晶晶的水面上，漂着十几颗西瓜一样的光头。光头们静静地望着罗盛教。

罗盛教选好下水的地方，招手让对岸的妹妹站得更远些，然后，就举着从龙王庙后墙上扒下的半截砖头，向蜂窝走了过去。

一砖飞起，砸得准极了，“轰”的一声，马蜂炸了窝。伢子们像经受过专门训练似的，“扑通、扑通”沉入了水底，马蜂像一阵狂风，嗡嗡嗡地飞向水面，掠过河沟旁。

哥哥害怕深水，像鸵鸟躲进沙丘那样，把头钻进浅水里，屁股高高地撅起。飞来的马蜂以为找到了冤家对头，立即愤怒地叮了上去。

哥哥疼得一咧嘴，浑水灌了一肚子。他双手捂屁股，直起身子，“呼噜、呼噜”地吐了几口水，“哇”的一声号啕大哭起来。疯狂的马蜂又拥了上来，在他的头上、脖子上乱蜇一通。哥哥一边跑，一边哭着捂脖子护头，那副狼狈相，逗得远处的罗盛教的妹妹连眼泪都笑出来了。

罗盛教他们钻到下游，从水里探出头来，还没有擦净脸上的水珠儿，只听妹妹喊道：“不好！马蜂追上来了！”于是，水淋淋的光头们又潜入水中，顺流而下。水面上，时隐时现地亮出一条条黑瘦的脊梁骨……

其实，马蜂并没有追上来，妹妹顺沟走着，望着移动的脊梁骨咯咯直笑，直到笑得坐在了草地上为止。

当哥哥拉着哭哑了嗓子的弟弟回家时，光头们齐刷刷地坐在岸边，兴奋地听罗盛教的妹妹讲述这一情景，偶尔还传来那兄弟俩骂骂咧咧的声音：“要蜂窝做什么药引子！都怪我妈！”听到这些，罗盛教心里升起了一股少有的快感。

快中午了，伢子们三三两两地回了家，罗盛教兄妹收拾好柴捆，分别挑着往回走，刚走到小龙王庙前，妹妹说道：“哥哥，蜂蜇了财主家的哥俩，最后还要归罪到你头上的。”

妹妹这话恰好说到罗盛教的心上。正为这事焦心的罗盛教，经妹妹一说，更增加了烦恼。他抽下挑柴的禾枪，顺着小龙王庙的砖墙一放，索性就坐在柴捆上不动了。妹妹故意逗他说：“怎么啦？停在这儿，想求小龙王爷保佑你吗？财主家的祖先葬在龙口里，龙王爷是保佑财主的！”

黄杨木雕的龙王爷二尺多高，正襟危坐，吹胡子瞪眼的，好像专门要对罗盛教耍耍威风。罗盛教越看越气愤，就提起禾枪走上前去，指着龙王爷没好气地说：“姓方的风脉好，你就帮他欺负人！我看你也是嫌贫爱富，欺软怕硬，伸舌头舔肥的，亮牙齿就咬瘦的！”说到这儿，只见他一跃而起，用禾枪把小龙王爷从砖台上戳下来，一连踢得翻了几个个儿，最后又抬起禾枪一挑，“扑通”一声，龙王爷翻进了河沟。

庙前边水急，龙王爷被冲得跟头趔趄的，直往下游漂去。妹妹见哥哥神色不好，满脸的怒气，吓得再也不敢吭声了。她扭头四处探望，生怕有人看见哥哥的举动，幸亏是吃午饭的时候，远近连个人影也没见到。

回到家里，妹妹把这事告诉了母亲，母亲听后，连眉头也没有皱一皱。

黄昏时分，罗盛教像往常那样，趴在桌上写字，他虽然离开了学校，但心里总惦记着读书和认字，白天砍柴，晚上就找空儿自学。邻居们常常叹息：这伢子，没有上学的命，却是念书的。

母亲来到罗盛教身边，轻声地说：“龙王爷可摔不得，今天夜里它要显灵的，你还写什么字呀！”

罗盛教蔑视地一撇嘴：“显什么灵？年年六月六，我们马龙坳的穷人给它烧香，求它下雨，它干嘛不灵验？”

“你才十来岁，能经多少事，就敢说六月六不显灵？”

“要显灵，你和爸爸还修塘坝干什么？”

母子俩正说着，门外传来财主好像是死了爹妈似的破锣声：“是哪个吃了豹子胆哟，把龙王爷给毁啦？欺人灭像，触犯神威，马龙坳要遭天打五雷轰啰！”

财主哭着、喊着、嚷着，渐渐地走远了。

听到这个声音，罗盛教布满阴云的脸上，掠过了一丝几乎看不见的微笑。这微笑只有对儿子的心思了如指掌的母亲才能察觉。

母亲想到罗盛教的脾性，难免有些忧愁，她用手指点着罗盛教微凸的额头，重重地戳了一下：“你呀，要是不离开这马龙坳，总有一天要闯大祸的！日后你三叔回来，干脆让他把你带出去，我和你爸就安宁了。”

说到这儿，母亲爱也不是，恨也不是，无可奈何地叹了口气。

在那个暗无天日的社会里，穷人何时才能不受富人欺压？憋闷在胸中的怒火，何时才能迸发？推倒龙王爷，只是儿童时代的罗盛教为反抗不平的旧社会，做的一次小小的尝试。

勤奋好学

大雪纷纷扬扬，青翠的马龙坳变成了银白色的世界。到了一年的腊月十四，有钱人家忙着到处赶场，灌酒、割肉，从集镇上回来，还捎着一卷卷写对联用的大红纸。过年的气氛已经笼罩了富人家，他们陶醉在幸福里。

罗盛教穿着一身破烂的单衣，一双自己编织的草鞋，迎着呼啸的寒风和乱舞的雪花，随三叔奔走在通往乾城县的山道上。前面是一重重乌云，身后是养育了自己十四年的故乡。

一天前，在湘西乾城所里镇一个小瓷铁店当账房的三叔路过家乡，见罗盛教酷爱读书，人虽小，做事却像大人一样有股子韧劲，就跟兄嫂商量，想把罗盛教从这个穷山坳里带出去闯一闯。父亲不太愿意，心想他妹妹还小，罗盛教干活有气力，也吃得苦，他在家里能给自己帮一手。母亲觉得罗盛教读书心切，而他父亲的想法也不为错，因而陷入了沉思。

母亲对罗盛教的父亲说道：“人常说‘树移死，人移活’，伢子挪动个脚窝，兴许有好处。再说，他性情也犟，让他出去念念书，经些事，磨磨他的性子也好。”

罗盛教的父母商议了半天，决定让他随三叔去。

这天晚上，父亲把罗盛教叫到跟前，语重心长地叮嘱说：“离家远了，不要想家，出门在外，心要正，人要稳，少说话，多做事。你三叔不是外人，就是对你管紧点，也是为你好，别惹他生气，日子久了，也别忘了我们，要常给家里写信。”罗盛教深情地望着一年年显得苍老的父亲，顺从地点着头。

就要告别父母、离开家乡了，罗盛教眺望着静静地蹲在风雪里的狮子山，往事一一浮现在眼前：他曾在这里放牛、割草、砍柴、给妹妹吹竹笛……手端着母亲特意为他做的米饭，吃了半天，也没尝出是什么滋味……想着想着，罗盛教猛然回头，看到母亲正目不转睛地盯着自己，目光是那样深情，那样悲哀，眼角似乎也湿漉漉的。罗盛教忙低下头，抱住碗吃了几大口饭。可是，饭扒在嘴里，心里却泛起了酸甜苦辣，什么味儿都有。

妹妹坐在里屋，望着桌上的半截松油蜡和竹灯，不觉想起与哥哥在一起的往事：他们家的桐油灯，为了省油，不常点，只是偶尔照会儿亮，灯芯也只有纳鞋绳儿那么细。

有天晚上，妹妹在煮猪饲料，见罗盛教趴得低低的就着火光看书，模样儿怪可怜的，妹妹就有意把火烧得旺些。母亲在里屋闻见一股焦味，忙赶了出来，本想训斥女儿，一见兄妹俩专注的那个情景，咽了口唾沫，没有出声，只是从妹妹手中拿过了拨火棍。妹妹这才明白过来，忙帮母亲踩灭了火。

从那以后，罗盛教就不断生出新花样来读书。砍柴时，他把大松根下结成块的松膏捡回来，熔在小铁盒里，然后搓个半尺长的棉捻子，蘸一次又一次，松油凉了，就凝成了松蜡，点燃后就能看书。只是松油烟大，把他的眉眼都熏黑了。

山里夏夜，流萤如织，草丛里、小溪旁、树荫下，飞去飞来的萤火虫，发出一闪一闪的淡蓝色的光，有几只胆儿大的，竟然钻进没点灯的屋里，好似移动着的灯笼，这使罗盛教得到了启发。他把青竹削成细细的篾子，编成个小巧的灯笼，外面糊上白纸，捉了十来个萤火虫装进去，在暗夜里就着它看书，既干净又明亮。妹妹见了，又捉来六七只，捂在小手掌里交给哥哥，使灯笼又亮了许多。

罗盛教高兴地说：“你到外面捉去，明天我打双草鞋犒劳你。”妹妹抿嘴一笑，高高兴兴地去了……

如今，朝夕相处的哥哥就要走了，往事显得格外地伤人情感，妹妹禁不住泪珠滚滚。但是，她一想到哥哥这一去，就能读书了，便依依不舍地送走了哥哥。

罗盛教告别了家人，到了地处湘西的乾城县所里镇，经过三叔托人，上了省立第九师范附属小学。因为他在家没念几天书，到这里一下子进六年级，语文课还勉强赶得上，一上算术课他就头比斗大，老师讲的什么“鸡兔同笼”“和尚分馒头”之类的算术题，他怎么也找不见门儿。第一次考试，老师在试卷角上画了个圆圈，下面还有两道横杠，表示是一双筷子，意思是“吃鸡蛋”。

隆冬的夜晚，寒风凛凛，罗盛教坐在小瓷铁店的木板楼上，觉得耳朵、鼻子都冻疼了，手也不听使唤，好像要跟笔相分离似的。他呆呆地望着考卷上那个“鸡蛋”，白天的情景又回到眼前：他对算术题摸不着头脑，去请教老师，有的同学竟在后面说怪话：“傻到底，问到底！没有本事，就莫进六年级哟！”

下午放学前，黑板上公布了几道难题，让大家自由演算，他也拿块小黑板，在那里写写算算。这时，背后又传来了讥笑声：“嘻嘻，有意思，吃‘鸡蛋’的人，也想攻难题呀！”

听了这话，罗盛教感到脸上火辣辣的发烧。他摸摸自己的脸，心里扑腾得好厉害：你们说话干什么这样欺人呢？我比你们差多少啊？眼下赶不上，不就是因为穷，少读了几天书吗！我穷，穷的是钱，并不是智力。你们嘲笑我，我偏要把劲全用到学习上，不怕赶不上你们。眼下，得零分的试卷和黑板上的难题都摆在面前，我该怎么办呢？如果真的攻不下来，日后会受到更大的嘲弄。

一阵风吹过，刮得旧窗帘摇荡不止，望着用墨水瓶自制的小油灯上那晃晃悠悠的火苗，罗盛教暗自决定，把书上所有的例题重新看过，作业本上凡是老师给打“×”的，从头至尾再做一遍。决心已定，寒冷也不觉得了，罗盛教拨亮油灯，一道题接一道题地攻起来。

冬天的后半夜，山区的一个小镇上，有谁还守在小油灯下呢！父母假如在身边，不知该第几遍催促儿子睡觉了。

有一道题，罗盛教三番五次解不开，折腾得脑袋发涨，头皮都麻了。这当儿，能有个老师给他指点指点，该多好呀。

“咯吱吱”，墙角的床板一阵响，与罗盛教同屋还住着一个人，叫陈槐，他与三叔相识，在这里借居几天。

罗盛教知道他对算术懂一些，于是就站起身，悄悄向陈槐床边走去。陈槐翻了个身，睡得很香甜。罗盛教的手几次伸到被子边又缩了回来；心想，深更半夜，又这么冷，怎么好惊动别人呢？……他又回到桌边。

后半夜，陈槐醒了，只见窗帘布被吹得一鼓一鼓的，小油灯的火苗仍在微微晃动着，再一看，罗盛教还埋头伏在桌上，就轻轻地唤了他一声。罗盛教过来了，陈槐拉住他被冻得像冰疙瘩一样的手，很是不安："一口饭吃不成个胖子，你这样拼命不是个办法，会把身体累垮的。"

罗盛教看着拥被而坐的陈槐，又望了眼零分的试卷，说道："我瞌睡多，一觉下去，天就亮了。"

"我见过一副对联：'书山有路勤为径，学海无涯苦作舟。'我想这'勤''苦'二字，主要意思是坚持。至于这样拼命吗？"陈槐否定地摇了摇头。

罗盛教默默不语，陷入了沉思，因为陈槐的话很有道理。

突然间，"啲——啲——啲——"的巨大音响，震人心魄，罗盛教和陈槐都骤然一惊。这是瓷铁店后面一座油坊里油槌的撞击声。陈槐说道："三更了，油坊都榨油了，快躺会儿吧。"

这个油坊，罗盛教喜欢去，一个铁圈紧紧箍着的大油槌，至少有百十斤重，从大梁上悬吊在空中，两个穷苦的壮汉作为榨油人，一拉一送地掀动油槌，节奏分明，经久不息。不大一会儿，榨油人就浑身汗湿，在昏暗的灯光里，从腰间扯下油腻腻、黑乎乎的长布巾，连连擦汗。那油，是穷人用辛勤的汗水换来的。

油槌声中，罗盛教思绪如潮：榨油人每天一定要从此时开始掀动油槌，坚持不懈地榨到晚上，才能榨出一篓篓菜油和茶油。如果中途间断，或者睡过了起来晚了，油也就榨不够数了。

这时候，罗盛教又忽而记起离家时父亲的叮咛：出门念书跟种庄稼一样，要吃得苦中苦噢！罗盛教似乎看到年迈的父母正佝偻着腰在水田里插秧，汗珠啪啦啪啦直往水里掉，水里映出他们黄瘦憔悴的面容……想着想着，罗盛教脑海里忽地一亮：榨油、种庄稼、读书，都需要锲而不舍、持之以恒呀！

他一把抓住陈槐的手，决断地说："你帮我安排个时间表吧。从今天起，只要油槌一响，我就起床。"

陈槐看到他兴致勃勃，毫无倦意，也深受鼓舞，忙披衣下床说："好！好啊！就该这样！"他握住笔，盯着罗盛教："你自己说，这个时间表，起床第一件该干什么？”

罗盛教略一思忖，说道：“锻炼身体！身体健康才能精力充沛，做事情也效率高。人家外国人讥笑我们是东亚病夫，我觉得这是耻辱。”

天渐渐亮了，罗盛教推开窗子，只见耀眼的阳光照进屋里。风停了，雪住了。山、河、树、小巷、屋舍，全都粉妆玉琢。周围清静无声，只有那沉重的油槌声，依然顽强有力地响着：

“哪——哪——哪——”

冬去春来，春暖花开。每天随着三更油槌声起床的罗盛教，对榨油人有着特殊的感情，他平常总喜欢去油坊看看。可是最近一段时间，他连续好些日子没去了，因为他正忙着迎接春末夏初的一次算术测验。

这一次，试题难度大。同学们出了考场，一个个跺脚摇头，叹气不已，有的竟然谩骂起来，责怪试题太难。

批了全班六十多份试卷之后，老师放出口风，说是只有三个人是及格的。

这三个人是谁呢？大家胡猜了一通。虽然各人提到的名字不尽相同，但有一点是共同的：罗盛教不在其中。

名单在红纸上公布了："罗盛教75分。"全班像雀窝里被戳了一扁担，议论声、嘈杂声，久久没有平息。

罗盛教的心头一阵灼热，脸上也觉得热烘烘的，他自己也说不上是吃惊，是喜悦，还是激动……在一道道惊异目光的注视下，他连头也不敢抬，匆匆地离开教室，径直向学校后墙根下、自己亲自浇灌的那一大片凤仙花走去。

凤仙花今天开得特别旺，乳黄色的枝杈上堆满了白红间杂的花朵儿：白花如雪，红花似火，成串成簇，被绿叶掩映着，格外好看。罗盛教的脸在红花绿叶的衬托下，显得容光焕发。

看着鲜艳的凤仙花，他情不自禁地擦着眼泪，为已取得的成绩感到高兴。同时，他也暗下决心，要再接再厉，使学习成绩更上一层楼。

第二天，罗盛教翻开作文本，很有感触地写道：镜不拭而不明，剑不磨而不利，金不炼而不良，路不走而不熟，心不用而不灵，体不劳而不健，技不习而不巧，故韩子曰："业精于勤，荒于嬉。""夫绳锯而木断，水滴而石穿，一篑之土，渐积而成山，一勺之水，渐积而成河，何往而非勤也！然精卫衔石，亦非勤乎？”

自那以后，罗盛教的学习更勤奋了。

心向阳光

一个飘洒着银丝般细雨的秋日，罗盛教从九师附小放学回来，正走在所里镇那青石板铺成的小街上。突然，从闹市的另一边传来人们的嘈杂声，罗盛教也不自觉地跟着人流拥了过去。

人群里，罗盛教只见矮胖的钱老板瞪圆了眼珠，伸出五根胡萝卜一样的手指头，照着榨油工劈脸打来。榨油工捂住脸小声申辩说："水是……不小心给浪……浪出来的。"可是，这个蛮不讲理的钱老板，摆出一副不可侵犯的架势，又抬起穿着青缎子鞋的脚，蹬住桶沿，掀翻了街当中的水桶。

水，在青石上很快流散开来，和天上正下着的雨丝搅和在一起。围观的人们实在看不下去了，不免为榨油工抱不平。有人大着胆子上前去劝说，经过好说歹说，钱老板才横着膀子往前挪动了。

罗盛教从人群里挤出来，气愤地望着钱老板的背影，上前帮榨油工扶起桶，说道：“到警察所告他！青天白日就在街上打人，岂有此理！”榨油工苦恼地连连摇头：“小兄弟，所里镇告不倒他，弄不好，我还得受罚。”

罗盛教望着他痛苦悲伤的面容，攥紧了拳头：“你不去，我去！天下竟有这样无法无天的事！”说罢直奔警察所。

正好，警察所长在里边。罗盛教激动地叙述事情经过时，所长爱理不理的。等罗盛教说完了，他才眯缝着眼，跷起二郎腿，问道：“伤了人没有？”罗盛教看那样儿，就窝了一肚子火：“没有伤人你们就不管啦！”“是的。”所长加重了语气，“连一个挑水的挨了耳刮子也来告，所里就不用办公了。”

“那……那你们管什么？”

“这你管不着。”

望着所长的老油条架势，罗盛教气极了：“你们还讲理不讲理？”所长霍地站起来，不耐烦地一挥手：“去去去！穷学生伢子，才认了几个字？狂妄！无知！”说着掏出一支卷烟叼在嘴里，自顾自去吸烟了。

罗盛教正气得张口结舌，说不上话来，突然后堂房的天井里传出一阵仿佛听到过的瓮声瓮气的声音：

“哈哈！好清静呀！小施在家吗？”罗盛教隔着屏风一瞧，不是别人，正是钱老板。

所长闻声，忙掐灭烟卷，满脸赔笑，点头哈腰地迎了上去。只听钱老板说：“走啊！打麻将去，就等你哩！”接着是一阵狂笑声。

面孔红涨的罗盛教还要往里闯，冷不防胳膊被抓住了，扭头一看，抓他的不是别人，是瓷铁店斜对门居安旅馆的厨娘竹婶。竹婶出来买菜，碰巧见到罗盛教在警察所里，就生拖活拽地把他拉到了外面。

天已黄昏，细雨仍下个不止。出门不远就是沅水，沅水从山里流出来，在小盆地的边缘绕了个大弯，所里镇被它搂抱了大半边。回头看，青石街像是明光光地抹了一层油，有些晦暗。因为年代久了，有的石板略略下陷，使小街显得坎坷不平。

街两旁，两层或三层的各商行的木板楼，在狭窄的街道上空高耸着，顶层的飞檐伸向路面，很像是肥头大耳的阔人在黑夜里举着酒杯，在鬼鬼祟祟地商定着一笔不可告人的交易似的，神秘秘，静悄悄。

竹婶把罗盛教拖进了居安旅馆的厨房。罗盛教平时从学校回来，喜欢帮竹婶劈柴、扫地、搬米箩。

竹婶是外地来的，她孤身为佣，很喜欢罗盛教。罗盛教有些心里话，跟别人不讲，对竹婶却推心置腹，娓娓地说个不停。

竹婶帮罗盛教擦了擦脸上的雨珠，责备说："你在警察所里吵什么，难道你不晓得那个所长和钱老板是所里镇最有钱有势的人吗？"

罗盛教坐在火塘边，沉默了好大工夫，才慢慢地说："有钱有势，就可以不讲理吗？人说青酒红人脸，白银黑人心，我看这些有钱人，就是心黑！"

竹婶见他气色缓和了，就笑着说："既然这儿的有钱人心黑，你为啥到这儿来？好在外不如赖在家，你为啥不守在父母身边念书呢？"

"家里饭都没得吃，哪能念书。"

竹婶望着罗盛教，同情地问道：“你出来这么久，夜里睡觉挂念妈妈不？”

“我不挂念。”罗盛教的声音慢慢低了，“就是挂心，也没用噢。”

“我听人说，你妈妈送你出门，你那时连头也不回，我还以为你根本就不惦念妈妈呢！”竹婶好像是有意要打探罗盛教心里的秘密似的。

罗盛教的头更低了，他好像埋了一肚子的苦水，哽咽着说：“我走的前一天晚上，妈妈就翻来倒去地哭一会儿又一会儿的，难过得一夜没合眼。我走时，妈妈哭了，我再跟着哭，她会更……更伤心，我离开她的时候绝情一点，妈妈日后想我了，或许就忍得住……她为我们吃了半辈子苦，我走了，不忍再给她增加伤痛！”

罗盛教的话像一股滚烫的热流，涌入了竹婶的胸腔。母亲疼儿子，抑制不住自己的悲伤，儿子爱母亲，甘愿在暗夜里咬住被角，把苦涩的泪水强咽进自己的肚里。竹婶仿佛才认识罗盛教似的，默默地审视着他，在罗盛教那蓝布学生服遮掩着的胸脯里，剧烈地起伏着一颗深沉而执着的心。

岁月荏苒，沅水就这样悠悠地流着。对生活的愤懑，更增长了罗盛教刻苦学习的毅力。在毕业的时候，罗盛教以九师附小前三名的优异成绩，作为保送生，免试进入了沅水之滨那所可称为湘西最高学府的学校——第九师范。

然而，学校口里说的“三民主义”“读书救国”，实际上是用法西斯主义的强制手段，给学生灌输封建主义的奴化思想。

学校为了对学生进行军事训练，开设了一门“童子军”课。代课的教师叫施宝良，他是所里镇警察所长的亲弟弟。罗盛教和同学们对他的说教很反感，于是就在背地里给他起了个绰号：“施老狼”。

施宝良——施老狼，字音相谐倒是其次，主要的是长相、打扮和心性：他细高个子，勾勾鼻子，眍眍眼，没啥头发，几根稀散的黄毛趴在头上，平时戴一顶船形帽，发凶的时候活像一条啃骨头的狼。

中秋节这天，施宝良站在讲台上，用教鞭把黑板敲得笃笃响，一遍又一遍地讲述什么自由、平等、博爱，而且要大家对政府百分之百地服从。

他讲得唾沫四溅，罗盛教听得意乱心烦：钱老板在街上公然欺负人，你的亲哥哥不但不管，还和姓钱的一块吃喝玩乐，这算是哪一家子的自由、平等啊！想到这儿，罗盛教索性就把目光投向了窗外。

罗盛教的神态，引起了施宝良的注意：“罗雨成，集中思想嘛，当学生的，站要有站相，坐要有坐相。”罗盛教不卑不亢，连正眼瞧瞧也不肯。施宝良声音高了：“你耳朵叫棉花团子塞住了吗？”罗盛教不慌不忙地说：“你刚才讲的没道理。”

施宝良差点连鼻子都气歪了，他咬着牙说：“什么？没道理！凭这一句话，我就有权给你吃零分！”

罗盛教的眉毛动了动，又盯着窗外。

施宝良没招了，把船形帽摘下来摔到教桌上，走到罗盛教的跟前大声吼道：“你，全校男学生都留的西式分头，就你剃了个光葫芦，你这是固执、愚顽、不开化！这不符合童子军的规定……”

罗盛教不动声色地回过头来，翻起眼皮，轻蔑地往施宝良头上一瞄，教室里爆发了大笑声。施宝良突然明白了，这笑声是冲他来的，瞬间气得满脸煞白说不出话来，连手都有些颤抖了。就在这当儿，下课的铃声响了。

课间休息时，和罗盛教要好的徐景云走到跟前，悄声说："得改改你的脾气，老虎的屁股摸不得呀！"罗盛教不在乎地说："他是施老狼，不是老虎，况且我动也没有动他什么！"

罗盛教双手托腮，临窗而坐，看上去很沉静。其实他心里怎么也静不下来：在文德学校，老师教错了字，死也不肯改悔；在这里，施老狼明明撒的是弥天大谎呀！不讲理的警察所和专为国民党脸上搽粉贴金的臭学堂，是内外勾结的一体。

想着想着，罗盛教仿佛又看到了那个榨油工人挨打后怨恨颓丧的脸庞，他气愤难平，禁不住自语道："童子军课给我零分，没什么了不起！"

窗外的十几棵大金桂，花香馥郁，醉人的香气弥漫到河对岸的闹市上。只见罗盛教提笔研墨，望着桂树，凝神冥想，很快地写了一篇练习作文。

罗盛教正写着，窗外传来吵闹声，有人说："快去看吧，美国传教士看桂花来了。"

所里镇有一座基督教堂，美国传教士经常来宣讲教义，每到星期天，校长就带着他老婆到教堂做礼拜。因为校长领头，学校里就泛滥着一股崇洋思想，少爷小姐们经常哼唱美国歌曲。

今天到学校来的传教士，说是来赏桂花的，实际上一来就跑到钢琴室，像发精神病似的，一面伸着又细又白的长指头弹钢琴，一面唱歌，等到罗盛教和同学来看热闹时，传教士对同学们说道："你们中国的不行，就连这架钢琴也是我们纽约造。"罗盛教和同学们默默地站着，满脸是厌恶的神情。

回到教室，罗盛教再也没有心思写作文了，他心里暗想：学校强迫同学们盲目服从，美国人公然宣传他们比我们高一等，而学校就提倡我们学这些玩意儿，这究竟是什么世道，这是什么学校啊。

天色已晚，有钱的同学三五成群，簇拥着施老狼之流在竹林前、桂树下品茗赏月的时候，心情沉重、寂寥的罗盛教，夹着书本，低垂着头，离开了学校，躲开了清朗的月光，回家躺在瓷铁店的板楼上，心里像压着块巨大的磐石，充满了烦闷的情绪。

金桂飘香，香气遮不住学校的腐臭；青竹如画，竹林里抖动着校长和传教士醉里狂笑的肥胖身躯；沅水悠悠，流水里荡漾着施老狼凶狠的目光……这里，除了恶浊与龌龊，没有丝毫光明与暖意。

罗盛教翻身从枕头下取出日记本，感慨地写道："可爱的太阳啊！请赐给我温暖吧，替我解除寒霜的侵入！"

1949年，春天还没有来得及在湘西落脚，湘西就发生了土匪变乱。当地几个土军阀眼见蒋家王朝夕阳西下，行将崩溃，纷纷割据地盘，占山为王，任意抢劫，变成了名副其实的土匪头子。从此以后，土匪就像牛毛一样遍布湘西。

老奸巨猾的第九师范校长眼见形势不妙，在一个风高月黑的夜里，把所有的办校经费卷进皮包，一个人溜走了。

学校顿时大乱，教师们捶胸跺脚，又哭又骂，施老狼冷笑了几声，进山找土匪入伙去了。学校停办了，学生们只好四散回家。

心乱如麻的罗盛教，独自在冷落的操场上徘徊，想到这混乱飘摇的局势，罗盛教觉得自己好像是坐上了断了风帆的无底船，心绪烦乱，不知要漂泊到哪里去。

突然，徐景云从竹林那边过来，带来一个动人心魄的好消息：听人说，共产党的军队快来啦！

罗盛教眼前忽地一亮："共产党！"一种期待中的、神秘的、难以向最亲近的人诉说的感情，涌上了心头。

罗盛教没有见过共产党，但红军在十四年前进行长征时经过凤凰县的情景，他却常听到人们暗暗地传颂着。那是一支什么样的队伍啊！他们给穷苦人治病，不分苗家汉家，他们专门打击血债累累的土豪、财主……虽然他们很快就过去了，但却像金色的闪电照亮了永不见太阳的山峦一样，给罗盛教留下了不可磨灭的印象。每当听到施老狼他们诬蔑红军杀人放火时，罗盛教就把头扭向窗外，嗤之以鼻。

听徐景云说共产党的军队要来，罗盛教只觉得心里热辣辣的！他盼着共产党的军队早些到来。

翻身得解放

1949年，罗盛教的家乡解放了。这年11月，他参加了中国人民解放军，并成为湘西军政干部学校的一名学员。罗盛教盼望的这一天终于到来了。他和徐景云戴着小竹笠，背着简单的行装，满面春风地沿沅江行进着。逆水而上的满江白帆，还有那江风中回荡着的沅江号子，仿佛是在欢迎他俩奔向沅陵，到中国人民解放军湘西军政干部学校去学习。

在去往学校的路上，罗盛教怎么也忘不了解放军开进所里镇的情景。那天，天空晴朗而开阔，一支四路纵队的队伍，在鞭炮与锣鼓声中开进了所里镇。偏僻的山乡小镇，有史以来第一次为充满活力的歌声所震撼、所笼罩。满街上都是解放军，有的扫地，有的在墙头刷写大标语，有的分散到穷苦人的家里……沅水边到处是帮老乡打水的解放军，清悠悠的流水里荡漾着一张张健康的笑脸，浮动着一颗颗鲜亮的红五星。

罗盛教还记得，湘西军政干校招生的消息传来时，自己乐得差点儿蹦起来，他连夜寻到徐景云，第二天起个大早，辞别了三叔、竹婶，直奔沅陵。

军政干校设立在滚滚滔滔的沅江边，和沅陵镇只隔一条河。接待他俩的是一位姓钟的女同志，身着绿军装，留着齐耳的短发，眉宇间洋溢着一股子英武气质，军帽上的五角星中间有两个字：八一。

罗盛教第一次见到这样的女同志，因而好奇地目不转睛地瞅了好一会儿。钟同志仔细地问了他们的住址和家庭情况后，把他们领到门口，指着学校说："过来看看吧。我们这个干校是新成立的，眼下房倒屋塌，院子里荒草丛生，你们在哪儿不能念书，干吗要到这儿来，上这么个学校呢？"

徐景云看了看钟同志，说："国民党腐败无能，我们有书读不成，有家不安生，没有办法了，才投奔这儿参加革命的。"

罗盛教的心剧烈地跳着，感到有满腹的话要说，可是又不知从何说起。从新化到所里，从所里到沅陵，他经历了多少磨难呀！对解放军创办的新型学校，他充满了向往之情。望着荒芜的校园，他满怀信心地说了这么一句："房子塌了，凭我们的手，可以搞好嘛！"

钟同志满意地望着这两位学生打扮的小伙子，一面在小本上记下他俩的姓名，一面说："我们解放军嘛，向来都是白手起家的。行了，你俩编在二队。"

这个学校外表上确实不像个学校，房子东倒西歪，墙裂了缝，操场上长着草，天一下雨房就漏，外面雨住了，屋里还在滴滴答答。没有床板，地上铺层稻草就算有睡的地了。被子是同学们自己带来的，所以铺上显得五颜六色。讨论时，大家就盘腿坐在铺上。教学设备更无从谈起，别说桌凳了，就是连块像样的黑板也找不到。

但是，人们的精神很好，大伙穿着新发的军装，打着好看的绑腿，挺着胸脯齐步前进，口令响亮，步伐整齐，显出一派生机盎然的兴旺景象。

罗盛教所在的班总共九个人，徐景云当班长，第一课是劳动建校，校部领导的动员报告，赢得了一阵又一阵雷鸣般的掌声。动员快要结束时，这位领导提高了嗓门："同志们，咱们的劳动内容，就是打柴开荒修宿舍。劳动中我们要开展竞赛，进行评比，这对每个刚入伍的同学来说，是经受第一次考验，也是一次锻炼，大家有没有决心呀？"

"有！"操场上几千人一起喊着，响声惊天动地。罗盛教望着一张张激动的面孔，心里也燃起了熊熊烈火。

建设劳动也包括打柴，这是一件苦活，他们要到十多里以外的山上去，把柴砍下来，再一捆捆地背下山，干这种活，非出几身汗不可。

小时候在马龙坳干这种活，罗盛教是很拿手的，离开家乡四五年了，这老活计再也没有动过手。今天，想不到在沅陵，要为一个新的目的重操旧业，罗盛教不由得浑身生劲，两手发痒，恨不得马上跑上山去，甩开膀子大干一场。

他们班的大学生吴新华想搓根背柴绳，可是搓了半天也没搓成。罗盛教见了，接过来，脚压住绳头，两手合掌，一上一下，变魔术似的，很快就搓出根又匀又光的绳子。

吴新华拿着绳子，扶着眼镜高兴地说："罗盛教同志，没想到你还有这一手。"

从班里出来，罗盛教的脑子里突然转了个弯：一队有好几个和吴新华一样的知识分子，看来，不会搓捆柴绳的不止吴新华一个。于是他又返回班里，一口气搓了很多根，然后提着绳子出了门，见谁没有，就主动送上一根，得到绳子的同志，总是连连感谢。

背柴下山时，大伙因为砍了一中午，浑身都感到发软发酸，背起沉重的柴捆，怕在陡坡上打滑，就半侧着身子慢慢往下走。

罗盛教干活时出了一身汗，满脸红扑扑的，他正挑着柴担往下走，见一个瘦高挑儿坐在陡坡上，背上拴着很小一捆柴，屁股一抬一落地往下挪，那副模样，惹得正在旁边林子里捆柴的女同志都掩着嘴哧哧地笑。罗盛教赶上去一看，不是别人，原来是跟自己编在一个班的黄瑜。

这人白皙的脸上长着两只眯缝眼，像是不小心碰在锅沿上才形成的。罗盛教不由得想起，黄瑜初到干校时，衣着很刺眼，里外都是蓝呢子做的，同学们因而都向他投去惊奇的目光，而他却满不在乎。

罗盛教瞟了黄瑜一眼，没说什么，自如地把柴担换了个肩，像穿山虎似的拐过崖角，下山去了。

堆柴的地方，有两个同学在过秤，各队都分配了该完成的数量，而且要进行评比。罗盛教的柴捆架起一称，有一百二十七斤。过秤的同志惊奇地竖起拇指，称赞道："看不出，好样的！过了一百斤了，真不简单！"

罗盛教微微笑了笑，抽出扁担，挽起绳子，又往山上去。从他那兴奋的神态、轻盈的步履可以看出，他为自己能对建设干校贡献一点力量而感到自豪。

罗盛教在半道上遇见了正在下山的徐景云他们，要帮着挑，徐景云推辞说："你干脆到那边帮帮女同志吧。"

罗盛教又上了一段，只见在一个大缓坡上，四队的女同志坐了一大片，钟指导员站着，一手卡腰，正在给大伙讲陕北南泥湾大生产的故事，顺便哼唱起一支南泥湾流行的歌曲。

神采奕奕的钟指导员，自打着小拍子，唱得铿锵有力，声音不高，却句句饱含激情，动人心弦。大伙陶醉在歌声中。

透过歌声，罗盛教似乎看见了南泥湾的满坡牛羊，满塘鸭鹅，堆积如山的稻谷。当钟指导员讲到毛主席从延安来到南泥湾，在丰收的歌声里饮着九龙泉水的时候，罗盛教的心情异常激动，心想：我们劳动建校，走的正是老一辈领导人开拓的艰苦创业之路啊！看来，这条光明之路，是用力量和汗水铺成的。

罗盛教帮四队同志挑柴下山的时候，平添了许多的气力，刚才有些口渴，现在也不觉得了，好像南泥湾九龙泉的清流，沁进了他那渴望滋润的心田。他心里怎么也平静不下来：干校许多领导同志是从南泥湾过来的，他们身上的仆仆风尘，闪耀着那火红年月的光辉，与他们一道前进，这是多么值得骄傲的事啊！

进了校门，从过秤的地方传来了争吵声。原来是黄瑜的柴捆一过秤才二十四斤，他不服气，又怀疑秤有问题，与过秤的同志争论起来。

过秤的同志指着正好走到他身旁的罗盛教说：“你看看人家这个同志，个头没你高，一挑子一百二十七斤，零头也比你多。就这样，人家还去帮四队的同志，看看人家是什么风格？再说，你再掂掂女同志的柴捆，哪个没你的重！给你过秤，秤砣差点把脚砸了，你还嫌没称好，像话吗？”钟指导员过来制止了过秤的同志，徐景云又把黄瑜给拉远了，这场风波才平息下来。

在打柴劳动中，罗盛教受到了全班的好评。二队的指导员拍着罗盛教的肩膀，意味深长地说：“罗盛教同志，这仅仅是开始。大家勉励你，可不能骄傲啊。”

紧接着，二队又接受了平操场、架桥的任务。架桥地点就在那个有两抱粗的大青树旁。

这天，一棵准备做桥梁用的大树被锯倒了，一倒地，就呼啦啦打了个滚，翻进了水沟。黄瑜站在人前，指手画脚地出了个主意：给树身拴根绳子往上拉。徐景云带人上去，拴好绳子，同志们很快排成一长排。

黄瑜从徐景云手里夺过哨子，自动站在队列外担任指挥，他一会儿把哨子吹得嘟嘟响，一会儿又扯长脖子喊：“大伙听我的，谁也不许偷懒。注意！我喊口令了！”可是，几十人折腾了一上午，个个头上冒热气，大树仍然纹丝不动地躺在沟里。中午，别人都回去吃饭了，罗盛教还在河沟边转了好大工夫。

下午，大家照老样子排开了架势，黄瑜却说喉咙喊疼了，硬将哨子往徐景云手里塞。正在这时，只听得“扑通”一声，有人解了裹腿、挽起单裤下到了河沟里。他不是别人，正是寡言少语的罗盛教！

有个同志见了，紧跟着往水里下。黄瑜跺着脚叫了起来：“哎呀！你俩疯啦，这么冷的天，要冻出关节炎的！”

一个洪亮的声音压倒了黄瑜的惊叫：“同志们，人多力量大，下来抬吧！”大家转身一看，才发觉说话的是指导员，也不知他是什么时候从操场那儿赶来的。

同志们见指导员下了水，就像下饺子似的纷纷往下跳。尽管河水冰凉刺骨，河沟里却发出整齐有力的“嗨哟”声。在大家的奋战下，粗笨的大树终于被推上了岸。

在指导员的带领下，桥很快就搭好了。第二天，桥头的大青树上挂了一块匾，匾是校部的同志用包装箱的木板制作的，上面写着刚劲有力的四个大字：“开路先锋”。

米黄色的匾像一块金子，闪耀在柔和的阳光

下。过往的同志，不由自主地停住脚步，轻轻地念着匾上的字。大青树因为挂着匾，似乎也觉得荣耀，粗壮的身子挺得更直了。

大家的辛勤劳动，换来了学校环境的大变样。

队里进行总结的时候，把罗盛教表扬了一番。夜里，罗盛教怎么也睡不着，就跳到水沟里游泳。他想，父母亲弯着腰一天忙到晚，终岁劳累，多少年来，他们就是这么默无声息地过来的，早早地就显得憔悴、衰老，可又有谁去关心过？在这里，他和同志们一起，尽了一点应尽的义务，为什么就一再受到赞扬呢？原因是资本家、地主老财，他们视劳动为低贱，为耻辱；而共产党却从根本上改变了劳动人民的地位，卑贱变为高尚，蔑视变成了尊重。在这个崭新的环境里，罗盛教觉得阳光璀璨，心胸开阔……

正想着，指导员忽然笑眯眯地走来了。当指导员跳进水沟时，他虽然站在冰冷的水里，心里却像顿时燃起了一把火……指导员站在水里，望着他笑嘻嘻地说："罗盛教啊，你不是经常练习游泳吗？现在游一游，让我看看。假如游得好，我明天带你到南泥湾去，到九龙泉的水里去表演，让毛主席和中央首长看一看！”

指导员的话使罗盛教感到无限喜悦，他一个猛子扎进了水中，伸臂、舒腰、蹬腿，飞速向前。前面的水深起来了，河面也突然开阔了，他仿佛化成了一条蛟龙，盘旋腾绕，越游越自如、越畅快……

思想的洗礼

罗盛教和他的同学们，在军政干校接受着革命部队的教育，健康地成长。然而，生活是不平静的，这里，也同样充满着斗争的风波。

罗盛教学习刻苦、工作积极，同志们选他当了卫生组长。在他当选的第二天，报纸上报道了各地人民为支援祖国的社会主义建设，积极认购建设公债的动人事迹。

学校积极行动起来了。罗盛教心想，帮助国家克服困难、支援国家建设，是自己应尽的义务。他二话没说，把自己积攒的津贴和叔父送给他的两块现洋，全买了公债。

罗盛教的爱国主义精神受到班长徐景云的肯定和表扬，并指出，这是以实际行动响应党的号召。

在罗盛教的带动下，不少人都自愿买了公债。有的还撕开衬衣，把缝在里边的钞票也拿了出来。

平时开会很会发言的黄瑜，却把脸板得平平的，眼睛拉成一条线，沉默了很久。他见实在躲不过去了，才有气无力地说：“我购一块钱的。”

徐景云说：“太少了吧，再加一点。”

黄瑜很不情愿地说：“班长，领导不是再三指示，这完全是自觉自愿吗？咱班这样搞，我有意见。”

罗盛教见他平时漂亮话说得不少，好像很积极，现在要他拿出实际行动了，却这么吝啬，就一肚子气，说道：“革命军人还戴个金戒指，刺眼得很，买了公债吧。我听人说，你还保存着一个金钗呢！”

黄瑜脸色一下子白了，他退后了一步，一只手下意识地伸进怀里护着金钗，瞪起小眼睛：“你……你们这是干什么？”结果因为黄瑜买公债的事，班里发生了一场风波。

这件事，黄瑜告到了校部，徐景云也去找指导员。指导员听了汇报，兴奋地说：“罗盛教是个好同志啊！心地纯洁，为人朴实，敢于对不良现象说话，这是难能可贵的。对他这个优点要肯定，要鼓励。但也要引导他学习我们党的政策，加强政策观念，政策既然规定买公债是自愿的，我们就不能强迫命令。”

第二天是星期日，罗盛教打算向队长请个假，到街上去修钢笔。因为上街的人已超过了学校规定的数字，队长没有批准。罗盛教觉得钢笔不修，实在无法使用，还是上了街。

晚上，班里的生活检查会上，徐景云对罗盛教擅自上街的事提出了批评，说这是罗盛教不守纪律的表现。

常受表扬的罗盛教，突然遭到了意想不到的批评，羞得涨红了脸。班里的同志都觉得突然，吴新华说：“罗盛教同志优点很多，平时也不上街，这一次带有偶然性，吸取教训，下不为例就行了。”

徐景云说：“生活检查会，不能不痛不痒，假如像水过地皮那样走过场，反而对罗盛教同志不好。”

黄瑜站了起来，罗盛教看了他一眼，准备承受攻击和挖苦。这时，只听黄瑜说道：“没人发言，我说句公道话。人嘛，百人百性，想法各不相同，时间长了，谁能没个错儿？别说是人，就是太阳，它里边也还有黑点！”他看了罗盛教一眼，继续说：“依我看嘛，是学校的请假制度太古板，纪律也……太严格！我跟卫生组长一样，觉得有些受不了！”

罗盛教听了黄瑜的发言，像突然被蝎子蜇了一下，身子从板凳上弹了起来，反驳说：“姓黄的，我的事，你别插嘴。”

黄瑜想不到罗盛教反来顶撞他，气得说不上话来，“你你……我君子不记隔夜仇，你……不识抬举，冤枉我的好心！”

俗话说：说话听音，锣鼓听声。不少人觉得，黄瑜的发言是在为自己的自由散漫制造依据，因而十分反感。他的话音刚落，有个同志就大声说道：“我知道，罗盛教上街是为了修钢笔，不是去玩的。”他瞄了黄瑜一眼说：“如果说要批评，也该批评那些上街进馆子解馋的人。”

徐景云见会议没法继续下去，只好宣布休会。

他把罗盛教单独叫出门外，耐心启发说：“你是卫生组长，大小也是个干部，应该主动作自我批评。”

艰苦的生活磨炼，会使人变得踏实、坚强，同时，也会从另一角度给人带来固执和自信。对徐景云的劝导，罗盛教好一会儿没吱声，直到徐景云快要有些忍不住了，他才闷着头回了一句："让我想想再说。"徐景云望着熟识的老同学，嘴张了几张，无可奈何地叹了一口气。

沅江畔，天青云白，帆饱风轻，附近回荡着纤夫拉纤的号子声。

那铿锵的号子声所显示的踏实强劲的气魄，仿佛是干校同学们成长进步的足音。

不久，湘西展开了剿匪反霸、减租减息的斗争，这斗争像燎原的烈火，焚烧着罪恶的剥削压迫制度。

为了配合教学的进程，军部文工团决定在干校演出歌剧《白毛女》。

当幕布升起的时候，《十里风雪》的歌声，把人们带进祖国北方的贫苦山乡，席地而坐的一千多名同学，寂静无声，只听到一片此起彼落的哭泣声。

轻易不流泪的罗盛教，深深地把头埋在膝间，他的心好像给人撕裂着，想哭哭不出声，想喊张不开口。大春奔向深山，这深山像是飞雪漫天的狮子山；喜儿揪人心肺的哭声，又有些像妹妹的声音。罗盛教的眼前模糊了，湿润了……

演出最后在一片“为喜儿报仇！打倒恶霸地主”的怒吼声中结束了。

大伙儿红肿着眼睛回到宿舍，还被《白毛女》的剧情深深感染着，全班像哑了一样，寂静无声。黄瑜突然开了腔：“戏台小天地，天地大戏台嘛！戏终归由人表演嘛，干吗感情这样丰富！”

罗盛教一怔，两眼直盯着黄瑜，好像不认识了似的。徐景云满面怒容：“我们感情丰富！你看了戏有什么感觉？”

黄瑜见班长平时没啥脾气，就边解裹腿边说：“戏演得到家，这没说的。布景、灯光、演员形象，还有唱腔，特别是黄世仁那口京白，那副眉眼，真有几下子！”

“那么，你对黄世仁这样的地主，又认为怎样呢？”徐景云压住火气，进一步问道。

“黄世仁，”黄瑜看了一眼徐景云，不紧不慢地说，“当然是恶霸地主啰。这家人可恶、可鄙、可憎！不过，地主阶级中也不都是这样。比如，我们那里有一家地主，年年都在村口的河上修桥，桥板上还刻着斗大的字：与人方便。另外，他还施舍粥和茶水，这样的地主……”他卷好裹腿带，又看了徐景云一眼，停住了话。

黄瑜虽然没有说下去，但意思是明白的。他的感情与大家有如此的天壤之别。他的怪论，如同点燃了的导火索引爆炸药一般，把大家压抑在心中的对地主阶级的仇恨，一下子引爆了，他，成了众矢之的。

罗盛教把徐景云拉到一边，附耳嘀咕了一会儿，徐景云过来说：“早吹了熄灯号了，为了不影响别人睡觉，咱们明天再就这件事展开讨论。”

罗盛教对黄瑜说：“黄同志，你假如有胆量，有魄力，明天把你的观点公开亮出来，到会上让全班评评。”

黄瑜眼角一扫，明白了罗盛教的意思。但他又吃不准：为什么罗盛教不像往常那样马上开腔，却转弯抹角，要他把观点端到会上？想到这里，黄瑜也不示弱：

“少给我来这一套。会上？会上你们能把我咋样？能喝一碗凉水把我给吞下肚去？真是的。”

罗盛教躺下以后，剧中的情景又浮现在眼前，他的思绪像绵延不断的云团，涌流而至：天下的穷人，有多少倒不完的苦水呀。自己是中国人民解放军的一名战士，我要为千百万喜儿获得新生而战斗，要为普天下劳动人民的命运而奋斗，这是一场为穷苦人申冤雪恨的神圣斗争呀……这一夜，罗盛教只眯了一会儿，天就大亮了。

新的一天开始了，班里根据学校里的安排，对《白毛女》展开了正式讨论。

会上，罗盛教发言了："昨晚看了《白毛女》之后，在大伙对黄世仁恨之入骨的时候，黄瑜却跟大伙的感情不一样，一再强调地主也有善良的一面，为地主阶级帮腔说话。他的那些言论，如果出自地主狗腿子的口，不足为怪。假若一个革命军人持有这种观点，就得好好擦擦脑瓜上的油腻！请大伙想想，他说的那些话，在座的谁能想得出来。"

听到这里，脸色红一阵白一阵的黄瑜再也坐不住了，手一举，大声嚷道："报告班长，这是中伤！罗盛教自以为是卫生组长，处处与我为难，每次说话都跟刀子戳一样，我受不了！"说罢，又说要去找学校领导，气急败坏地破门而出。

吴新华扶扶眼镜，用笔点点记录本：“黄瑜是这样说的。我认为，罗盛教的分析有道理。”

罗盛教望着远去的黄瑜，感慨地对徐景云说：“像黄瑜这样的人，放在我们军队里，实在让人不能放心啊！”

他的意见，得到了大家的赞同。

晚上，罗盛教应指导员之约，沿着河岸，朝他的宿舍走去。月光下，竹影婆娑，渠水汩汩，罗盛教望着这一切，感到是那样清幽，那样雅静。

在明亮的灯光下，指导员和罗盛教并肩坐在床沿上。指导员和蔼地说：“罗盛教呀，听说你轰了黄瑜一炮。”罗盛教愣住了，他第一次听到指导员用这样的字眼：轰了一炮。

“可以告诉你，现在已经查明，黄瑜是国民党兵役局的职员，他爸爸就是恶霸地主，他本人是混到咱干校躲风来的。”听到这里，罗盛教心里终于明白了。

指导员继续说：“现在，斗争很复杂，混进学校的阶级异己分子和国民党特务也很猖獗。一队的菜地里，昨天发现有几棵白菜根朝天倒栽着，全死了。很明显，有一些混蛋在向我们的诉苦教育进行挑衅。作为革命战士，在阶级立场问题上不能含糊。在当前这个形势下，你对黄瑜的斗争大原则上是正确的，今后要发扬这种不怕邪恶的革命正气，保持爱憎分明的优点与长处。”

面对表扬，罗盛教有些惭愧：“指导员，我……我在这个问题上也有缺点。”

“缺点？什么缺点？你先说说看。”

真正要说的时候，罗盛教又踌躇了，因为他仅仅从感觉上发现自己有缺陷与不足，其实并未理清楚。

指导员笑了，他说：“到这儿学习，就是要提高阶级觉悟，学会分析问题。你想一想，黄瑜为什么在人前调子唱得特别高，背后却老是散布流言蜚语，攻击我们的工作呢？买公债时，他为什么把戒指、金钗看得比命根子还重呢？同样是看《白毛女》，他为什么跟绝大多数同志的感受不一样呢……把他的这一系列表现联系起来看，他的阶级立场就很清楚了。组织已经决定，明天对黄瑜进行大会批评，让他和全体同志得到教育。”

指导员的话，像黑暗里的明灯，阴霾中的火炬，照亮了罗盛教的眼界，打开了罗盛教的视野。

罗盛教感激地望着指导员。

指导员走近罗盛教，像父亲要特意给儿子叮咛什么似的："罗盛教同志，作为战士，你也要警惕黄瑜这人在你身上钻空子呀！无论如何，我们不能做亲者痛仇者快的事情，比如你违反制度上街修钢笔。"

罗盛教的脸红了，自己每天和黄瑜相处在一起，为什么就不能透过种种现象，像指导员那样准确地观察出一个人的本质呢？罗盛教审视着指导员那双眼睛，仿佛他的眼睛里蕴藏着神奇而睿智的光芒。

谈到最后，指导员告诉罗盛教："你年轻，思想纯正，身体好，学习也努力，组织决定你下个星期到文书训练班去学习。基层部队很需要新鲜血液，我们想让你早日下部队去发挥作用。罗盛教同志，组织这个决定，你有意见吗？"

罗盛教觉得浑身的血液都要沸腾了。他挺直身响亮地回答："服从组织分配，从今天起，我要更严格地要求自己。"

罗盛教踏着月光，走上他亲手与同志们一起修建的木桥，在"开路先锋"的牌子下停住了脚步。

小河的水面映衬着月光，这月光一直照到指导员的窗前，与窗里映射出的细碎灯光交织融汇在一起，熠熠闪光。

和战士们友好相处

清晨，湘西的群山笼罩在浓雾里，雄伟壮丽。为了牢固地掌握政权，让祖国的大好河山永远掌握在劳动人民手中，中国人民解放军某部侦察连进行了武装进剿，发动群众建立和巩固基层政权。

在通往乌宿的崎岖山道上，走着一位潇洒英俊的青年战士，他中等个儿，崭新的军装上系着新皮带，皮带上别着颗手榴弹，腿上的绑带打着匀称的“人字花”，给人的印象是利索、精悍。战士军帽上和碗套上的红星，鲜艳夺目，这个战士就是罗盛教。

罗盛教从干校出来，经过文书训练班的学习，于1950年7月1日，加入了中国新民主主义青年团。如今，他已经是某部侦察连的文书了。

侦察连居住得比较分散，有的班排要相隔好几座山。罗盛教刚下部队，对战士的生活很生疏，别说打仗，连各种武器的名称、性能和用途都不是很清楚。

一到连部，罗盛教就向连长、指导员请求：“我刚从训练班出来，没经过锻炼，希望能到各班排跑一跑，尽快熟悉情况，这对文书工作也有帮助。”

连长姓白，指导员姓秦。指导员说：“咱湘西尽是大山，什么“七十二道湾”啊，“气死老板娘”啊，“阎王鼻子”啊，光听名字就够吓人的。况且我们部队都化了装，分散在老乡家里，你人地两生，能找到吗？”

罗盛教听说要在陡坡密林里钻进钻出，觉得正对胃口，更高兴了，说：“咱部队住在哪个村，那村的街道、院落就像风吹过一样干净；住在谁家，谁家水缸就总是满满的。光凭这一点，我就能找到他们。”

白连长爽快地对罗盛教说：“好，咱连的表册不齐全，你下去把武器、弹药和装备详细做个统计，重新造册。”连长说着摸摸后脑勺，对指导员说：“就为这事，营长训过我几次了。”指导员笑笑，没说什么。

刚上任的罗盛教，每天翻山越岭地跑好几个地方。

一天，天已经黑了，罗盛教才回到乌宿，经过自己居住的房东家，连门也顾不上进，就径直往连部走去。房东是位老妈妈，她见了部队上的同志，分外亲热。罗盛教从门口经过时，老妈妈正好看见了，喊道：“罗伢子吗？忙得脚不沾地，怎么连门也不进啦？”罗盛教打了个招呼：“老妈妈，我待会儿就回来的。”

在一间茅草房里，子弹箱搭成了桌子，上面铺着军用雨布，这就是文书办公的地方。罗盛教一进屋，忙点上灯，翻着桌上的一叠叠纸片，聚精会神地照笔记本上登记的数字进行填写，讨厌的蚊子围着他嗡嗡直叫，叮咬他，而他却一概不去理会。

看着自己的劳动成果，罗盛教轻轻舒了一口气。

做这项统计工作不容易呀，跑得腿酸脚疼是小，关键是每到一地，同志们听说他是新来的文书，大家都用审慎的目光望着他，他问一句，人家答一句，没啥问了，满屋子就沉默着，气氛很尴尬，他只好匆匆告辞。

他前脚出门，后边就热闹地议论开了：哎，听说咱连来了个新文书，就是他呀！可不，人家是识文断字的知识分子，跟咱这些吃糠菜长大的粗人不一样。怪不得，咱倒的开水他没喝，坐会儿也别别扭扭的。

罗盛教听到同志们拿他当外人，心里很不好受。自己新来乍到，怎么就这么难开展工作呢？

还好，有房东老妈妈的关心和照顾。前几天，尽管人们已经睡着了，刘老妈妈还独个儿坐在门前的黑暗处等他。罗盛教问她怎么还不歇息，刘老妈妈和善地笑笑，说是在纳凉，又说人老瞌睡少，早睡睡不着。直到罗盛教躺下了，她才进里屋睡觉。

接连几天，罗盛教在床上听到轻轻的关门声，很快就猜透了刘老妈妈的心思。因此，罗盛教晚上特意劝告老人家早早安歇。

一天晚上，门虚掩着，暗处空无一人，罗盛教估计刘老妈妈今天早睡，大概是自己的劝告生了效。

罗盛教摸进屋，点亮灯，他不禁吃了一惊：这间堆着柴草的小屋，被收拾得干干净净，床上支起了一个的新蚊帐，掀开蚊帐，床头整齐地放着一摞洗净晾干的衣服，罗盛教一看，原来是他昨晚因为忙乱而塞在床下的脏衣服。他拿起衣服，当枕头用的小包袱上奇迹般地多了一条崭新的毛巾。干净整洁的房间，让罗盛教觉得自己走错了地方。

罗盛教的响动声惊动了隔壁房间的人，有人问道："是罗文书吗？快休息吧。"

"啊！对不起，我屋里有情况。"

"情况？"邻居惊诧了，但他马上问道，"要不要立即报告连长？"

"我床上多了顶蚊帐……"

"那蚊子就叮不上你了，是好事呀！"

"脏衣服也不知是谁给洗了。"

"睡吧睡吧，这算什么情况。"

隔壁的床板一阵响，显然是床上人翻了个身。

罗盛教说："我怀疑……怀疑是你给我收拾的。"

"那是你多疑。如果有谁给我收拾，我连想也不想，躺上去就打呼噜，哈哈……那才叫美呢！"

隔壁住的人叫陈上士，听口音，陈上士是北方人。特别是他那既快乐又谐趣的声调，听上去也就是十八九岁。

罗盛教接着说：“喂！小陈呀！我是才从文书训练班分配到咱连的。”

陈上士打断了罗盛教的自我介绍：“这我知道，你姓罗，小名叫雨成，家住马龙坳，从小会吹笛，在第九师范上学时经常在沅水里练游泳……是吧？”

听了这话，罗盛教大大地吃了一惊：他怎么知道得这么细？奇怪！

过了一会儿，罗盛教没话找话地问：“小陈，你今年几岁啦？”

“几岁？哈哈哈……几岁！”陈上士大笑着，床板又是一阵响。显然，罗盛教这问法不合习俗，问小孩才说几岁的。

早晨天刚亮，罗盛教一骨碌爬起来，一边扣扣子，一边跑过去结识这位有趣的邻居。推门一看，陈上士背着门正在刮脸，他身材魁梧，手里捏着个破镜片。罗盛教往镜片里一瞧，吓了一大跳，镜片里映出的是一个四十多岁人的方脸，微黑，有很密的络腮胡子。

“你就是……陈上士？”罗盛教觉得怪不好意思的，“你看我，马马虎虎，还喊你小陈呢。”

陈上士摸着刮得精光的下巴：“怎么样？这一收拾，大不过三十岁吧。三分长相，七分打扮嘛。昨天晚上要不是你问我几岁，我还真忘了刮胡子了呢。”陈上士说着伸出大手，“来，认识认识，我叫陈征，往后称老陈好了。”

“哦！陈征？”罗盛教惊奇地瞪大了眼睛。他这才知道，这位陈上士，就是他在整理侦察连军人登记表时，特别注意到的那位英雄：陈征，共产党员，冀中人，扛长工出身，由骑兵部队调来，立过两次大功，曾活捉过敌人的师长。

罗盛教还听理发员石宝定说过：“他呀，骑马可以追风，还能踩住马镫从马肚子底下打枪，随便一瞄，百发百中！”

罗盛教原以为，这个了不起的人物肯定在下边抓土匪，万万没料到，他竟然就是与自己一板之隔的邻居。

罗盛教满怀敬意地望着他，诚恳地说：“以后有空，给我讲讲战斗故事好不好？”

陈征却说：“你也是个当兵的嘛，打几回仗就知道了，没啥讲头。”

陈征是个富有特殊吸引力的人，他往街上一站，大人小孩围了一大群，问长问短，亲热得像一家子。

陈征多才多艺，连猪崽有个小病，老乡也来找他。在连部，他挑水、劈柴、切菜，从早到晚手脚不闲。哪里笑声高，他十有八九在那里。

有天晚上，罗盛教和陈征坐在一起，陈征问小罗，到连队这一段时间，有些什么感觉？工作顺手不顺手？罗盛教回答：“工作还顺当。可有一样不遂心：每到班排，同志们都对我客客气气，反而让我觉得怪拘束的。不像跟你相处这么随便、自然，心里有啥就说啥。”

罗盛教虽然说得很婉转，陈征还是品出味儿了。他从兜里掏出个黄澄澄的铜制小烟斗，压上烟抽起来：“你没有想想，这是什么原因呢？”

“我想了。你在这儿待久了，大家都熟悉了。我刚来。”

陈征笑了，他拍拍胸脯说：“要我说呀，将心比，都一理，真心要用真心换。你要是将别人当作亲人，人家对你也就不见外啦！”

“可我嘴笨，不会说话……”

“要说嘴呀，你比我强多了。你识得字，有文化，我这个大老粗，嘴才笨得跟棉裤腰一样……其实，当兵的才不看你舌头转得多花哨呢。人家要看你有没有真心。”

罗盛教琢磨了一会儿，说：“你是个能人，啥都会，可我能给别人干啥呢？”

陈征见他很诚挚，就放下烟斗说：“你有文化呀！这文化可是个龙王爷的帽子——宝贝疙瘩哟！同志们写个家信啦，读个报纸啦，都需要人去帮一帮。你来咱连十多天了，虽然也到班排进进出出，可总是打个招呼就走了。同志们好心给你个小凳，你有时连屁股也不沾。”

陈征笑眯眯地指指自己的脑门：“得从这里找找原因。”

罗盛教望着晶晶闪亮的小铜烟斗，聚精会神地听着。

陈征继续说道：“知识分子下连队，我也见过几个，有的人，从头到尾就是跟战士合不来。同志们背后开玩笑，说他们知识分子尾巴翘得高，瞧不起这些大老粗。”

门前的山溪水，千回百转，终于流进了沅江。罗盛教经陈征这么轻轻一点，心里豁然一亮，即刻回想到沅陵，想起自己离开军政干校的时候，指导员语重心长的嘱咐：“罗盛教同志，将来下了连队，希望你和我们的战士打成一片，虚心学习工农同志的优秀品质，建立深厚的感情。”

因为敏锐的指导员已经觉察到：自幼凄苦的生活环境，养成了罗盛教的质朴和勤恳习惯，同时，寒窗苦读的生涯，个人奋斗的孤身努力，也给他比较固执和孤僻的习性。陈征说的多么准确啊！这已经不是个新问题了，是得从思想上认真理一理了。

“老陈，我的思想改造没搞好！”罗盛教托腮沉思着，语气也有些沉重。

罗盛教接着又说：“我觉着你就很亲近，第一晚上还隔着板，就好像是遇着了老朋友！我自己也说不上来是怎么搞的。”

陈征笑了说：“我呀，就是个粗人。你既然觉得我亲近，日后肯定能跟同志们打得热火，因为我和班排那些人是一样的。实话告诉你，咱部队的同志年龄一般都比你大，没啥文化，外表上野里野气的，可他们的心却实得很，以后熟了，你会爱上他们的。”

陈征一席话，把罗盛教的心给拨亮了。陈征在指出罗盛教的缺陷和弱点的同时又给以热情的鼓励，使罗盛教明确了努力的方向，增加了前进的力量。

从此以后，罗盛教就积极主动地接近战士们。他见有的同志在擦枪，就亲亲热热地坐在旁边，边帮着擦枪边唠家常，老战士们则热情耐心地给他讲解枪支的结构、性能，天长日久，彼此的心渐渐贴近了。

有时，有的同志要抄个笔记，写个信，只要吱一声，罗盛教随叫随到；见战士们爱唱歌，他就努力学识简谱，还做了把胡琴，一有空，就边拉边哼唱；战士们打篮球，他就主动当裁判，必要时还讲讲篮球规则。穷人家出身的罗盛教，用他学到的文化知识，在同志们中间发挥了不小的作用。

有一次，罗盛教帮炊事班给剿匪的同志送饭，部队因为进行追击，转进了其他山沟，罗盛教就挑着饭担，和炊事员一起去送，衣服都破了，浑身湿透了，终于找到了部队，大家亲热地围住他：“文书真行，看来是经常挑担儿的。”有的把毛巾递了过来。

吃罢饭，罗盛教看到几个老同志坐在石头上，拿个小本本在议论什么。他上前一看，本本上写的是朝鲜文字，罗盛教觉得新奇："这本本上哪儿来的朝文呢？"

一个老同志说："我们连是1947年在东北吉林成立的，一成立就由中朝两国的战士组成。朝鲜战友是好样的！从东北打到湘西，在咱连，就有四个朝鲜同志把生命都献出来啦。前不久，美国又在朝鲜发动战争，他们就回国参战了。这是他们离开咱连时留下的赠言。把这句话翻译过来，就是'生生死死心贴心'。"

另一个说："老陈那黄铜烟斗，也是他们临别时留下的。"

说到这些，罗盛教回味起了这个不寻常的"邻居"。陈征一席话，让自己心里开了窍，很快和同志们融合在一起，自己也从他们身上学到了许多宝贵的东西。

爱的升华

由于进山送饭跑了好多路，所以罗盛教又累又困。刚眨了个眼，天就大亮了。罗盛教起床穿衣，进入新的一天。

罗盛教和几个炊事员急忙往驻地赶。天气突变，大雨滂沱，在滑溜溜的山道上，他们迎面碰到了在这一带剿匪出了名的全副武装的陈征，带着一个班出去执行紧急任务。

罗盛教见陈征他们一个个披着雨衣，插着短枪，羡慕极了，他多想跟着出去打几仗呀，哪怕是看看也好。

陈征从罗盛教眼神里看出了他的心思，说道：“怎么的，眼馋了？在家执行任务，照样会发现情况，可不能麻痹大意哦。”

罗盛教闪在路边，一直目送他们消逝在雨幕中，才怅然若失地往回走去。

陈征临别时的话语经常萦绕在罗盛教的耳边。当前，是不能麻痹大意的。

自从美国发动了朝鲜战争，湘西的剿匪斗争就显得更加残酷，更加复杂。土匪昼伏夜出，在深山老林里负隅顽抗，把苟延残喘的一线希望寄托在美军侵朝上。他们急不可耐地渴望着乌云从东方压来，幻想着中国变天。

罗盛教想着陈征叠得整齐的被子，反复琢磨着他昨天的叮咛。

陈征在家，给刘老妈妈劈柴、担水、扫院，罗盛教很难插上手，陈征不在，他可以从从容容地干了。

“罗伢子呀！水没用完，你怎么又挑呀？”刚起床的刘老妈妈拦住他，递过一本小册子，“这是老陈临走时特意留的。”

罗盛教一看，是一本《中国社会各阶级的分析》。刘老妈妈还以为是什么统计表呢，罗盛教看着手中的书，深深感到陈征对自己的关心和爱护，这里寄托着老战士对自己的殷切期望。他想，陈征虽然识字不多，却很爱学习，常常熬夜看书，直到黎明。这种刻苦精神，是很值得自己学习的。

中午，罗盛教送走了装备登记册，匆匆往回赶。骄阳似火，晒得他直冒汗。从村子中间经过时，大合欢树左侧的房子里，走出一个二十六七岁的妇女，迎住罗盛教，脸上像堆着朵牡丹花儿：“同志，天好热，进来喝口茶吧！”

罗盛教推辞着：“谢谢，我不喝茶。”

罗盛教定睛看去，那座房子是砖瓦房，在这穷山村里十分显眼。

这个女人，插花戴朵，妖里妖气的，刘老妈妈常点着她的后脊梁，鄙弃地称她为水蛇腰。

罗盛教也常遇到她。从她那身与众不同的打扮上，罗盛教估计她不是个本分人，所以从不理睬她。

那女人见罗盛教常带个本本，以为是个当官的，就现出一副媚态。

罗盛教不喜欢啰唆，说了声“我有事”，就甩手走开了。

过了两天，罗盛教从外面回来，见小木桌上放着个红花大碗，碗里热气腾腾，上面横架着一双乌木筷子，罗盛教走近一看，里面是四个香喷喷的荷包蛋。

罗盛教以为，这一定是刘老妈妈送来的。他想，她老人家总是惦念着自己和陈征，一会儿给送茶，一会儿又提来粽子，她对子弟兵是那么的满腔热情，叫人收也不是，退也不好。

有一次，急得陈征把她往外推着说："老妈妈，你再这样，我们就跟你分家，不在你这儿住了！你这是逼着我们违反群众纪律嘛！"

刘老妈妈假装生气地说："不住了走！住在这儿就得听我的！"当老陈真的拿起背包铺盖的时候，她却上来紧紧地扯住被角不松手，两眼满是祈求的神情，直瞪瞪地瞅着陈征的脸。

陈征扮个鬼脸，笑了："放开手吧，老人家！今天的太阳好，我的被褥得晾一晾了。"

刘老妈妈这才缓了口气，嘴角绽开了笑容。

想到这儿，罗盛教端起碗，走进里屋："老妈妈，今日一不逢节，二不过年，你给我打荷包蛋干什么？"

"伢子，你说什么？"刘老妈妈摸不着头脑。罗盛教捧着红花大碗又重说了一遍。

刘老妈妈说不是她送的，罗盛教心里生了疑团。

刘老妈妈歪头审视着红花大碗、乌木筷子，像领悟了什么似的说：“看这家什，八成是合欢树大屋那家的。”

罗盛教也明白了大半：“哼！平白无故地送这个？她呀，我看是另有企图。”

刘老妈妈气愤地说：“水蛇腰的地主男人是土匪小头目，他常在外面，水蛇腰在家撑门面。”

“土匪加地主，地头蛇！”罗盛教的心如桐油着火，顿时怒气腾腾的，“老妈妈，我给她送回去！”

“对！送回去，不稀罕她的！”

刘老妈妈精神抖擞地端着碗在前边走，罗盛教紧随着她，走进大瓦屋。

刘老妈妈一进门就大声斥责说：“你竟敢勾引解放军？”说罢，“咚”的一声，把大花碗放在屋止中的桌上。

正对着镜子往脸上扑粉的水蛇腰，嬉皮笑脸地对罗盛教说：“同志，我家崽儿满周岁，没什么请你的，向你讨个福分嘛！”

罗盛教没好气地说："拿它给你男人讨福分去吧，他说是来投案，对自己的血债一点也不交代，在铁证面前还百般狡赖，我们饶不了他！"

水蛇腰一下子变了脸色，低下了头，但她立刻又抬起头来，睁着三角眼，冷笑里浸着一股子黑煞气："嘿嘿！我说呀，人在世上行事，总该留点余地噢。有时一些事还难定准哩。听说在朝鲜，美国人不是又闹腾呢！"

水蛇腰的话像炸弹一样甩在罗盛教眼前！想不到，这个女人竟能说出这样的话，罗盛教很吃惊，也很气愤："想不到你把美梦做得那么远啊，请你放心，有我们解放军在，美国侵略军就是长八条腿也莫想爬进湘西！"

水蛇腰从鼻孔里哼了一声："三十年河东，三十年河西，往后还难说哩。"说罢，挺着冰霜似的脸，扭过头去。

刘老妈妈接过话茬，坚决地说："好吧，那咱走着瞧吧！我只告诉你，以后再跨进我家的门，当心我砸断你的腿！"

吃晚饭时，听说秦指导员回来了，罗盛教急忙去把四个荷包蛋的事，原原本本地作了汇报。

指导员听了汇报，脸上现出严肃的神情，沉思了片刻，说道：“荷包蛋是阶级敌人施的金钩计，想把你钩过去为他们办事，这一点被你识破了，很好。问题是水蛇腰最后说的那些话，很有典型性，有必要让全连同志分析分析。认清当前的国内形势和国际形势，提高同志们的认识。”他接着说，《湘西日报》上关于朝鲜战事的报道很多，美国在朝鲜一天比一天疯狂啊！

罗盛教睁大了眼睛，问道：“为什么美国人在朝鲜动手，这里的土匪就蠢蠢欲动？我还听说，我们连创建时有许多朝鲜同志，他们又为什么到咱中国来参加革命呢？”

指导员说：“你这些问题提得好，这是阶级压迫、阶级剥削的现实造成的。这些朝鲜同志都是穷人，受本国地主和日本鬼子的压迫，为了生存，就满怀希望地跑到我国东北。可是到了东北，同样受地主和汉奸的欺凌。为了反抗统治者的剥削与压迫，他们就参加了抗联游击队，和中国的穷百姓一起战斗。

“日本投降后，他们就参加了东北民主联军，这就是我们侦察连的前身。你是文书，对咱连这一段历史可一定要搞清楚。至于湘西的土匪，他们和国民党反动派、美国侵略军的利益是一致的。现在，国民党反动派失败了，他们就把希望寄托在美国侵略军的身上。”

指导员一席话，把罗盛教的思绪拉得很远很远，朝鲜的事，就是我们的事呀！他见指导员又焦虑地俯在了报纸上，就轻轻地退出来，带上了门。

部队接到上级的命令，要撤离乌宿。刘老妈妈很伤心，总在战士们身边转来转去，背过身暗暗地擦眼泪。罗盛教看了，想起六年前送他离开家门的母亲，心里热辣辣的，好一阵子难受。

刘老妈妈从罗盛教的床上，又搜出好几件衣服准备去洗。

罗盛教拦住说：“这些衣服没穿几天，还不脏，不用洗。”“就要出远门了，洗洗干净。”老人家一天到晚手不停。

罗盛教开始收拾背包。晚上，正忙着，刘老妈妈手捧着一双袜子一双鞋进来了，没等罗盛教张嘴，她先说话了：“你莫开口，我早知道你是个犟脾气！这一回听我的，一定得把鞋袜留下，别再惹我生气了。别嫌这鞋样儿不时兴，你看底子纳得多密，敲起来当当响，我包你穿半年烂不了。先试试，看合脚不。”

罗盛教不肯要：“不拿老乡一针一线，这是纪律嘛！”

刘老妈妈见怎么也说不服他，眼珠一动：“好！好！我留下。倔伢子，我算是服了你了。”说着便坐下对罗盛教说：“你们要走，我也留不住。你们年纪轻轻，毛手毛脚的，心也不细。离了老人，出门在外，冷了，热了，饥了，饱了，全要自己当心，比不得在老人身边。住到了人生地不熟的地方，黑天睡觉要放机灵点，别让水蛇腰那些东西暗算了。这样，你家的老人放心，我也放心。”临走时，她特意把鞋袜扬了扬，“带走啦！”

部队移驻到樱桃坪，罗盛教和陈征的住处仍安排在一块。当他打开背包时，那双鞋袜从里面抖了出来。罗盛教拾起它，轻轻地抚摸着，多厚实的鞋底呀，两只手使劲都掰不弯。

罗盛教仿佛看到刘老妈妈戴着老花镜，在静静的深夜里，凑近昏黄的油灯，一针针费劲地纳着，手上鼓起一条条蚯蚓似的青筋，额头沁出细微的汗珠……捧着鞋袜，罗盛教心里思念着刘老妈妈。

刘老妈妈虽然上了年纪，可她的心却像一团火。憎恨坏人，憎得强烈；热爱同志，爱得执着。

世界上没有无缘无故的爱和恨，这种爱已不是一般的母爱，而是反压迫、求解放的强烈愿望，把人民军队和劳动人民联系在一起，产生的一股强大的阶级友爱。

过去的十九年，除了父母出于疼爱儿女的本能，还有谁这样深情地爱过罗盛教呢？如今，在湘西的大山里，罗盛教第一次领受了这种崇高而真挚的爱。

罗盛教产生了这样一个信念：革命，才是最伟大最神圣的，人的生命与它连接在一起，才会产生真正的爱与憎。有了这种分明的爱憎，人才产生了无穷无尽的力量，才不会虚度年华。

立志到朝鲜战场去

队里有个理发员叫石宝定，石宝定比罗盛教小两岁，好动不好静，浑身还有娃娃气，干什么都风风火火的。

这天，他见到罗盛教兴奋地说："我告诉你个大喜讯，咱陈上士把土匪头子金鹏给崩了！"

"天大的喜讯呀！"罗盛教也高兴得跳起来。金鹏是湘西出了名的土匪，他狡诈残忍，双手沾满了人民的鲜血。湘西老百姓憎恨地说："天见金鹏，日月不明；地见金鹏，草木不青；人见金鹏，九死一生。"

侦察连多方追捕金鹏，一直没能成功。今天，陈征击毙了这个惯匪，为湘西人民报了仇。

罗盛教一把拉住小石："快讲讲吧！老陈是怎

么把那家伙打死的？”他想象，这肯定是一场惊险卓绝的斗争。

事情是这样的，罗盛教所在的连队，是有名的侦察连。战士们穿便衣进入到山区后，许多土匪头目相继被擒，剩余的残匪吓破了胆，躲进深山老林，轻易不敢露面。

匪首金鹏也收敛住往日的气焰，龟缩在多年不见天日的石洞里。他派出去的小土匪总是有去无回。连打探情报的耳目也没有了，眼看没吃的了，不得已，他就亲自出了洞。溜到自己的村边，可又不敢走近。金鹏无计可施，把水田里的水放了个精光，想让种田的人来堵水，他好见机行事。

第二天中午，一个戴斗笠的庄稼人来堵水了，金鹏见四下无人，就悄悄摸上去，用枪顶住老乡的后腰：“不许动！动就崩了你！”等老乡回过头来，金鹏一看是本家叔叔，就连威胁带利诱地让他回去拿食物。

老汉进了村，急忙找陈征。陈征在一家牛栏里，正给黄牛治病，被老汉拽住了，老汉说：“老陈，你的好事儿来了！”一看老汉的神色，陈征就明白了，立刻拔出短枪冲出了门。

老汉拎着一篮饭菜来到了田边，却不见金鹏的踪影。他回身想招呼跟在远处的陈征，陈征也不见了。老汉正不知所措，坡底的竹林里传出金鹏的破锣声："放下篮子！向后转！"话音刚落，就响起子弹上膛声。

老汉知道这家伙想打死自己提篮潜逃，愤愤地跺着脚斥责说："你这个杀人不眨眼的畜生，你的末日就要……"

老汉正说着，从竹林后方传来"砰砰"两声枪响，竹林唰啦啦一阵晃动之后，慢慢平息了。这时，只见陈征笑呵呵地一手提枪，一手召唤老汉："老人家，过来看呀，是你的心诚，阎王爷把金鹏的伙食账给报销啦。"老汉过去一看，金鹏已呜呼哀哉了。

原来，陈征已料到金鹏躲在竹林里，就从侧后神不知鬼不觉地抄了上去。老汉向陈征伸出大拇指，连连赞叹："绝绝绝！好枪法！果真名不虚传！"

石宝定叙述得眉飞色舞，好像他当时在场似的。

掌灯时分，陈征回来了，人们簇拥着他，像簇拥着才下轿的新媳妇，嘻嘻哈哈地进了屋。罗盛教乐得不知干什么好，又端水又整被褥，里里外外穿梭似的忙个不停。

人散后，罗盛教陪着陈征出门散步，月光皎洁，山色如黛，石缝里淌下的流水哗哗响着。在一株大树下，他俩坐了下来，陈征笑眯眯地望着罗盛教："小罗，看来你最近工作干得不错哇！我在师部听人说，你任劳任怨，细致耐心，文书工作改进很大嘛！"

罗盛教不好意思了，谦逊地说："我这算什么呀！你才是真正的英雄！"

陈征仰面大笑，"我怎么算真正的英雄？我一个人就是能推倒一座山，湘西的大山有几千座呢。"他掏出黄铜烟斗一面装烟一面说，"我知道你是说抓土匪的事。咱连在这里歼灭了八百多名土匪，有好多个，我们连模样都没见过，更不知他们躲在哪儿了。可是，只要我们下决心，土匪就是插上翅膀也逃不了，这不是全仗着有觉悟的老乡们吗？有了他们，就等于在湘西撒开了天罗地网，不管多么厉害的土匪也翻不出咱的手心！"

陈征说话很随便，高兴了，偶尔也夹带几个新名词，但在罗盛教听来，却很耐回味，觉得其中隐含着一些实实在在的道理和学问。

罗盛教盯着锃亮的铜烟斗，若有所思地说：“剿匪工作看来快收尾了，可朝鲜的事，看样子越来越紧张了。指导员动不动对着报纸发愣，连长也食量骤减，吃饭不如原来香。我估计，是朝鲜的事儿揪他们的心噢！”

老陈望着手里的烟斗，心情也渐渐地沉重了，他说：“咱连和其他连不一样，以前咱连的副连长、司务长，还有排长班长，一多半都是朝鲜同志担任。他们和我们一个被子里睡觉，一个锅里吃饭，风风雨雨地一起过了三四年，感情上不一样啊！”

罗盛教插了句：“听说你这烟斗就是他们送的。”月光下，陈征凝望着烟斗，小小的烟斗，袅袅的轻烟，把这位骁勇善战的老同志带回到炮火连天的东北战场上：

“1947年春末，咱们连奉命去风水岭打阻击，对手是牌子很硬的新一军，清一色美式装备。仗打得很艰苦，山上山下，烟雾腾腾的，咱们占了主峰，突然间，投弹手倒在血泊中，弹药手是朝鲜同志，他要接替，秦指导员说：‘我来，你送你的弹药。’正在这时，一颗冒烟的手榴弹落在指导员跟前，双手拿着弹药的朝鲜同志，不顾一切地往冒烟的手榴弹压去，‘轰’的一声，这个朝鲜籍老战士壮烈牺牲了！他这个烟斗就摔在身边，司务长拾起了它，端起刺刀就冲进了敌群……后来，朝鲜同志要回国作战，司务长就把这烟斗留给了我。”

陈征说到这儿，沉默了。月光被一缕流云遮住，显得有点黯淡。铜烟斗里的火星一闪一闪的，显得分外亮，映红了陈征略为清瘦的面容。

夜深了，罗盛教在床上翻来覆去难以入眠，这个年轻人，每当工作之余，很喜欢推测与忖度别人的想法。

最近，他常常琢磨：指导员和连长，为什么对朝鲜的战事那么关注？像是把自己的一颗心都贴上去了。特别是陈征，为什么能干下惊心动魄的事业，立下震惊部队的功劳？可同志们提起来，他又总是说得很平淡。尤其不好理解的是，一提起朝鲜，他立即就变了神色，与连长指导员一样，心头沉甸甸的……这一切，到底是为什么呢？

听了黄铜烟斗的来历，罗盛教才觉得自己苦苦探索的问题有了答案。想着想着，他不禁默默自语："老陈啊老陈，你的胸怀，是莫测的汪洋大海，个人的荣誉投在里边，平静无痕；天底下的大事落入其中，汹涌澎湃。时至今日，我才明白你宽阔厚实的襟怀里，为什么有如此巨大的容量！"

连队的教育，老同志的模范行为，促使罗盛教把工作做得更踏实。由于成绩显著，组织给他记了一小功。消息传到马龙坳，已经随连队到了长沙的罗盛教很快就收到父亲的来信。

这封信像一把火，久久地炙烤着罗盛教的心，这日夜憧憬的美好生活，这即将展开的幸福远景，来之不易啊！

罗盛教和全连的战友们一样，心底升腾着援朝的火焰。他与陈征一起，在志愿军报名书上写下了自己的名字。

报名的当天，罗盛教给父母亲回了封信，同时给妹妹寄了个小包裹，里面包着几尺做裤子的青布，一把梳子和一面小方镜子。信的末尾是这样写的：

"……儿已报名参加抗美援朝志愿军，准备到朝鲜去与美国鬼子拼拼。现已到长沙来了。听着吧，以后告诉你们胜利的消息！别了！请勿难过。”

鱼水情深

1951年4月，列车上挂着鲜红的大幅标语，向北飞驰。侦察连的同志坐在靠前的一节车厢里，罗盛教坐在车门边，凝望着辽阔壮美的万里山河。

大好的河山，勤劳的人们，他们用自己的双手创造着甜美的生活。在插秧的人群里，罗盛教仿佛看到了饱经风霜的父母；在洗笋的姑娘中，似乎认出了妹妹……养育自己的祖国，一旦医治了战争的创伤，竟是这样肥沃旷远，这样秀丽壮观。这样的土地，以及生息在这样的土地上的人民，怎能容许美帝国主义再来蹂躏、践踏！

罗盛教看了一眼同志们严肃的面孔，斜对面的陈征，捏着铜烟斗，也在凝望着窗外。老陈，此时此刻，你与我罗盛教想的一样吗？望着原野上蛛网一样的电线杆，你是否想起了当年那燃烧的树桩和正在倒塌的房屋……

在嘹亮的《中国人民志愿军战歌》声中，中国人民志愿军的战士们跨上鸭绿江浮桥，向英雄的朝鲜国土前进。罗盛教用依依不舍的眼光，回头望着身后的祖国，望着那为了预防空袭、熄灭了灯光，隐没在苍茫暮色里的城市。

踏上朝鲜的土地，就闻到一股刺鼻的硝烟味儿，新义州的高楼房舍，全部毁成了一堆堆瓦砾，到处是累累弹痕，到处是断壁残垣。

罗盛教的心好似被谁紧紧地揪住了。

新义州，是和我国丹东市只隔一条江的姊妹城市。往日，她俩像一对瑰丽的珍珠，以妩媚柔和的光芒交相辉映，清幽碧透的鸭绿江，像一缕彩云织就的彩色锦缎，深情地把她们连在一起。而此时新义州却在烟火中呻吟，在愤怒中燃烧。丹东市沉默着，难过地低下了头。

暗夜中，只见一群群无家可归的老人、妇女和孩子，露宿在田野上。

看着这些，无比的愤怒涌上罗盛教的心头！眼前的惨象和祖国那大好的春光形成了鲜明的对比，仅仅是一江之隔，野兽们如果渡过鸭绿江，我们身后的锦绣山河，也将是破碎的惨景！

“吾儿身在军旅，当一心精忠报国”，父亲的嘱托，飞越千山万水，化作了祖国千百万父母的呼唤声，回响在罗盛教耳畔，萦绕在他的心头。

罗盛教的满腔热血沸腾了，他蹲下身，借着废墟旁一堆未尽的余光翻开日记本迅速写道：“凶残的美帝国主义啊！你这个世界上最凶恶的敌人。不把你赶下海洋，我不再过这座大桥！”

部队要赶往新德里，一连是九个夜晚的急行军。一天，他们穿过一道山谷，在远远的废墟旁，忽然闪耀着一片引人注目的金黄色。罗盛教到前一看，原来是许多小菊花、凤仙花、蔷薇花和金达莱花掺杂交织在一起。他的心头不禁掀起一股热浪：美帝国主义暴虐的残杀与轰炸，灭不尽朝鲜人民；这焦土废墟旁的小生命，正显示了朝鲜人民一定要与自己的土地同生存的刚强性格。

深夜，突然变了天，乌云在空中翻滚。队伍艰难地前行着，许多人摔倒了被拉起来，继续前进。

黑暗中，通信员张信踩了个空，滚成了泥蛋，罗盛教一把拉起他，打趣地说：“咳！难怪人家说你们河南人爱耍猴戏，现在咱们雨地行军，还只见你一个劲翻筋斗哩！”

雨越下越大，人们觉得全身凉飕飕的，牙齿不由自主地上下磕打。陈征背着行军锅，深一脚浅一脚地赶到罗盛教面前，对他说：“小罗呀，你们连部能不能搞点行军鼓舞工作，鼓鼓士气啊。”

“我想编个快板让小石表演，正不知编什么内容呢！”罗盛教回答。

陈征挥着手说：“就编咱连老司务长过大凌河的事吧，让大家听一听朝鲜战友当年是怎么在我们国土上行军作战的，最有味儿！”

陈征的铜烟斗就是从老司务长手上接过来的，一石激起千层浪，罗盛教忘不了陈征向他讲述的侦察连当年入关时的情景。

那是1948年冬天，波涛汹涌的大凌河，河底有陷人的泥沙，水里的冰块儿撞击着，发出咔啦啦的声响，冰像尖刀一样利，划过腿就是一道血印子。

就在这天寒地冻之时，侦察连接到任务，护送宣传队过河。走到河心，一声巨响，一块浮冰把宣传队的小李撞到了几米以外。司务长打了个趔趄，连忙奋力抢救，可是麻木了的双腿不听他的摆布，怎么也追不上被巨浪卷走的小李。他急了，一个翻身扎进水下，才把小李救上来。

上岸后，他衣服上结了一层冰，脚也划破了，走起路来一拐一拐的。但他脸上却露着微笑。

部队南下，他们一连经过五个多月的长途行军，凭两条腿走过了冀、豫、鄂三省，直抵湘西。为了跨过布满柴桩、刺藤、尖石子的槟榔坪和苦竹河，司务长备了一个针线包，锥子、麻绳、棉线，应有尽有。一休息下来，他就给同志们补鞋，挑血泡，可他自己始终打着赤脚。直到回国前夕，才穿上了一双中国的布鞋。

这是战争年代，一个留在中国人民心中平凡而朴实的形象。作为朝鲜同志，在自己的挚友倒下后，他擦干泪水，继续向前，踏遍了半个中国。他以实际行动印证了：他们和中华民族是心心相印、血脉相通的！这是多么伟大的胸怀，多么崇高的气魄啊！用这样的事迹进行行军鼓舞工作，简直是再好不过的题材。

想到这里，罗盛教用钦佩的目光向陈征望去。陈征正用侦察员所特有的锐利目光盯着远方，罗盛教也情不自禁地瞪大了眼睛，尽力在黑暗中搜索。

雨点越来越密，无边无际的黑暗中，远远地闪烁着一点亮光，似乎很近，又似乎很遥远。罗盛教以为雨水打花了双眼，揉了揉，仔细看去，真的是火光。

在这茫茫的雨夜里，在这战争洗劫过的地方，竟会看到亮光！同志们很受鼓舞，大家的步伐骤然加快了。

狂风，像嘶啸的野兽扑打着；暴雨，像无数飞舞的鞭子袭击着。铁流一样的队伍，顶着风雨在艰难中前进。

近了，近了，光亮渐渐地变大了，光芒甚至有点耀眼了。原来是一位朝鲜老妈妈，颤巍巍地高举着一盏明亮的风灯！她那白色的衣裙，在疾风中啪啦啦抖动；晶莹的雨珠，顺着她的发丝成串地滑落下来，她的嘴角抿成一条线，一绺银发散落下来，紧贴在额角上。任凭风吹雨打，她凛然不可侵犯地挺立着，像一尊庄严的汉白玉雕像。

老妈妈的另一只手，不时指指灯光照射的脚下。

从那晃荡在水面上的光亮中可以看到，路当中有个炸弹炸成的深坑，积满了雨水。

队伍巧妙地绕过水坑，从风灯下走了过去。战士们经过老妈妈身边，一起用敬佩的目光望着她。有的担心她跌倒，想去扶一把，她摆摆手，坚毅的脸上露出慈祥的笑意。这微笑，是母亲那崇高而温存的笑，它温暖着异国亲人的心。

罗盛教的两眼紧紧盯在老妈妈的脸上，他的心暖烘烘的。老妈妈白发苍苍，比马龙坳的母亲年纪大；身体单薄，显得比乌宿的刘老妈妈更消瘦。是万恶的侵略者让这年迈的老人无家可归。

罗盛教忙取出挎包里的毛巾，郑重地递到老妈妈胸前。望着那双骨瘦如柴的手，他多么想把它揣在怀里暖一暖呀。

老妈妈坦然地接过异国孩子递来的毛巾，擦了擦脸上的雨水。等她伸手还毛巾时，罗盛教已闪进了黑暗里，她便顺手塞给了正走过身边的战士。

山水卷着乱石，在泥路上形成滚滚的浊流。队伍经过之处，只听见一片哗哗的淌水声。

在深夜里行军，负重的战士更加艰难。

中途休息的时候，罗盛教在日记本上写道：“……多想想朝鲜人民，你就能忘掉一切地坚强起来！”

写罢日记，罗盛教静静地坐着，思前想后，想得很远。他决心摸索出一套新的工作方法。

帮助同志

在侦察连进入临津江东岸的驿谷阵地之前，志愿军已经接连打了五大战役，迫使敌人退守到“三八线”接受谈判，阵地上，双方僵持着，但每天都有战斗。

这期间，罗盛教把对朝鲜人民深沉的爱，化成了工作的巨大热忱，把文书工作搞得更出色。

一有空，他就和战友们谈心，把每个同志的入伍年月、入党日期、立功次数、负伤部位，牢牢地记在心里。一旦有哪个同志负伤下来，他不用翻册查表，很快就把伤票、登记表等统统填写好了。

他们连的伤员送进医院，每次都要带回医生的夸奖，称赞他们送得及时，伤势没有耽误。当人们夸奖罗盛教的时候，他总是淡淡地说：“我的工作耽误一分钟，伤员就要多受一分钟痛苦呀！”

对于罗盛教这踏实顽强的工作作风，陈征看在眼里，乐在心上。但当着罗盛教的面，他并不流露夸奖的意思，反而时时指点他，为他设定新的目标。

有一天，陈征开门见山地说：“你现在不是个放牛娃了，身为文书，你就是连部班的班长，你们连部的几个兵怎么样呢？你对他们做过哪些工作？想过没有？连部几个兵他们年龄小，娃娃气重，他们任性、淘气，动不动就捅娄子，有几次，弄得连长都挺生气。”

陈征这时候已经是司务长了，作为管理排的负责人，他说：“石宝定成天吵吵要当战斗兵，就是不安心干理发。这小子还爱打枪，单独出去，拿连里配给的短枪乱瞄乱打，像什么话嘛！”

陈征指责的是石宝定，实际上也批评着罗盛教：“小罗呀，理发员也是抗美援朝这台大机器上的一个螺丝钉，拧得不紧，你有责任噢！”

这次批评，深深烙在罗盛教的心上，他进一步感到了自己的责任，肩上担子的分量，光对自己要求严还不够，还要团结周围的同志一起前进。

有次行军，罗盛教对小牛犊一样结实的石宝定说：“小石，换炊事班的老王头子去背一会儿炊具吧。”

小石因为调皮，常常被老王头子从伙房的菜堆里赶出来，便赌气说：“我年纪小，背不动。”罗盛教很耐心地说：“有志不在年高，你身体棒，行的！”边说，边把他朝老王头子那边推。

石宝定在罗盛教的劝说下，终于背起了沉重的炊具。

工夫不大，罗盛教又赶来要换他。石宝定推说才背了一会儿，不让换，而且把背锅绳拉了拉，背得更紧了。

罗盛教不肯退让，摆出一副老大哥的样子说：“我比你大两岁，你小，骨头嫩着呢，别压得不长了，日后回国连个媳妇也找不到。”

黄昏时分，到达了宿营地。罗盛教和以往一样，蹲在灶前给大伙烧洗脚水，眼熏得直流泪。石宝定看到了，猛然想起每次行军中罗盛教总跑前跑后，比谁都累，就说：“我换换你，替你烧水。”没等罗盛教从灶前起身，小石又拍着腰里的枪说：“你给我到营里领些子弹吧！”

罗盛教责怪地看了他一眼："前天刚领过，又没了？老这样儿，连我都替你不好意思哩。"

小石央求地推着他："去吧！就这一次。"罗盛教从营里回来，锅里的水咕嘟嘟直响，小石却倚着捆柴火进入了梦乡。

翻山涉水走了一天，够累的了，罗盛教把他轻轻地放到草袋子上，盖上件大衣，然后拎起帆布桶，给各班各排送烫脚水去了。

送水回来，罗盛教又打了一盆水，端到小石脚边，轻轻脱下他的鞋袜，只见那脚板上起了五六个紫葡萄似的大血泡。一股难闻的臭味，直往鼻孔里钻。

他拿来棉球和碘酒，把血泡轻轻地擦洗一遍，然后取出一根针，小心翼翼地刺进去……

酣睡中的石宝定，疼得猛一蹬脚，一下坐了起来。他睁眼一看，捏着针的罗盛教倒在了地上，手还护着帆布桶。

小石抱住脚埋怨了："你这是干吗，我是山里人，惯了，不用你挑泡！"罗盛教坐起身来，固执地说："不行，今天不挑，明天你非掉队不可！"

望着罗盛教执着的目光，小石顺从了。

罗盛教又召集连部班的战士，学了一个小时的文化。

学习结束了，罗盛教和小石坐下来，罗盛教取出一包九龙牌香烟："来，抽一支，我陪你。这一包就送给你了，小烟鬼！"九龙牌香烟，是慰问团的亲人带来的。因为是祖国的礼品，加上前线烟又奇缺，大伙便视为珍品，轻易是舍不得抽的。

他俩用军帽遮着一亮一暗的烟头，小石贪婪地吸了一口，赞道："好香！"

罗盛教说："说到烟好，我们马龙坳的烤烟在咱湖南是有名儿的，抽着喷喷香。"

小石盯着他："你们那儿有山吗？"

"有，叫狮子山，好威武呢！我从小就喜欢在山上放牛、砍柴，我妈常给人讲：我家啥都缺，就是不缺柴烧。等将来胜利了，路过我们家乡，我带你到我家做客，咱俩上狮子山玩，才有意思哩。"罗盛教自豪地介绍道。

小石说："你们那儿的山再大，也没有我们湘西的大。我一出家门就爬山，山上有天湖，湖里的鱼又肥又鲜，山里还有许多景……"

石宝定三岁那年，父亲死了！罗盛教知道他从小很苦，就是有意想从他心底把那苦水翻起来。沉默了一会儿，罗盛教说：“从前的苦日子，使你走到咱部队里来了。可你，政治观念为啥这样模糊呢？工作顺心了，你就干；不顺心，就要使性子。比如理发，这是给大伙服务的，是离不了的工作嘛。你想想，要是没人给你理发，你受得了吗？日后有了空，我还想跟你学学手艺呢，可你……”

“有啥学的？当兵的都是光头，抓住推子两条腿，使劲推呗！”小石话虽这样说，但口气比以前平和了许多。

“李带箭是个老同志，打仗赛过老虎，谁都夸奖，可你给人家理发，把他夹得嗷嗷叫，多不像话噢！”

这个事，陈征当面批评过，今天罗盛教又提出来，小石自己也觉得后悔。罗盛教又递给他一支烟，小石接过一口接一口地吸个不停。

“我是想上前线去打仗。”小石说。

“这没错。咱们到朝鲜，谁不想亲手杀死几个敌人，为朝鲜人民报仇？但首先要把组织交给自己的本分工作完成好。你看老陈，还有老王头子，工作做得多到家。咱连的每一个胜利，谁能说没他们的份儿？可你，就跟他们不一样，拿起推子就发火，难道老陈他们都不如你吗？”

罗盛教说得句句在理，小石沉思着。

月亮升起，照着东方这破碎的山川。偶尔有两只小兔子，竖起长耳朵，摆动着、跳跃着，穿过了月光。整个大地沉浸在宁静的夜里，静极了！要不是远处传来沉闷的枪炮声，有谁能相信这是炮火纷飞的战场呢。

自从这次谈话以后，小石的理发工作有了显著改进，战士们不由得向这个走路咚咚响的小伙子投去惊奇的眼光。看到同志们挺高兴，罗盛教心里更高兴。

可是，一个人的成长道路并不是一帆风顺的。这条路上，有着各种各样的考验。石宝定在一次跟连长他们抢占阵地的战斗中，因为机智勇敢，得到了连长的表扬。得到表扬，小石忘乎所以，带着连部班的几个人，钻进树林里去打山鸡了。

枪声传来，连长侧着耳朵，辨清山林里是怎么回事后，不由得火冒三丈。他气呼呼地对指导员说：“不用问，就是石宝定打的枪，非处分不可！”

“管是要管的。”指导员让人喊来了罗盛教，要他召集连部班开个检查会，查查谁打的枪，认真进行教育。

连长怒气未消：“这个会，我要参加。”

指导员劝他说，这事还是交给文书吧。连长有些不信任地看了罗盛教一眼，被指导员拖走了。

晚上，罗盛教代表连部班送来了一份决心书，同时还有小石的个人检讨。连长细细地看了一遍，高兴得把手里的烟头往身后一甩：“好啊！这才像个样儿！”收起检讨书，连长很欣慰地看着站在灯前的罗盛教，耳畔响起指导员跟他说的话：“文书很能干哟！连部这班小老虎的思想工作，我看还只有罗盛教能拿下来。”指导员这话倒是一点不假。罗盛教临走时，连长说：“你告诉小石，他这里写的还要向我当面检讨，没有必要，我要看行动！”

罗盛教微笑地说：“让他来吧，连长。你也该理发了。明天咱连就要往前线推进，到时候你就更忙了。利用今晚的空儿，边理发边谈，你给他勤敲打着点儿，他会进步得更快些。”

连长点点头，是该理发了。

刻骨铭心的仇恨

美国耍两面派，他们一面谈判，一面对前沿阵地实行炮击，用飞机对朝鲜人民狂轰滥炸。为了狠狠打击敌人，侦察连推进到一个坚持火线生产的小山村。

一天，四架敌机俯冲过来，在一阵猛烈扫射之后，抛下了凝固汽油弹。村里立刻升起滚滚浓烟，茅屋在火光中纷纷倒下。侦察连上了前沿，只剩下罗盛教一个人忙碌着文书工作。

听到轰炸，他跑出来，仰视着横冲直撞的敌机，心中升起一阵愤怒：强盗！

烈火浓烟笼罩着村庄，有一幢茅屋几乎变成了火团。

罗盛教飞奔到门前，一个箭步蹿了进去。可

是，一阵浓烟烈火又把他呛出来，帽子起火了，烟呛得他咳嗽不止，脸上火辣辣的疼。听到屋里传来断断续续的哭声，他狠狠地捶了下自己的脑袋，一咬牙，又冲进火海中。

罗盛教简直要窒息了，他一面顺着哭声摸索，一面拼命地呼喊。屋里到处响着碎裂声，房子已经很危险了。罗盛教忍着难熬的灼热睁开眼，终于看见了墙角的老人和女孩，他认准方向，两眼一闭，猛地蹿过去。也不知是哪儿来的力量，他背起老大娘，抱起小女孩，英勇地冲了出去。

罗盛教眼前发黑，心像要炸裂似的。天上的敌机发现了目标，发出震耳的吼声，擦着树梢冲下来。罗盛教半仰着头，仿佛盯着嗜血成性的强盗，盯着天地间最凶残的魔鬼，愤怒使他的脸涨得通红！

空旷的四周，来不及隐蔽，罗盛教迅速扑倒，把一老一少压在身下。“轰隆”一声，附近的牛棚倒塌下来，烟尘的巨浪吞没了他们。借着浓浓烟尘作掩护，他又疾速爬起，背一个、抱一个，飞一般地钻进了防空隐蔽处。

各班排陆续回来了，遭遇敌机轰炸的事，引起大家的满腔义愤。罗盛教在同志们回来之前，已经把被烧破的衣裳缝补得平平整整，帽子也换了。

脸上那一溜黄泡还在火辣辣地疼，因为小丁背走了卫生包，一时无法收拾。他什么也没说，急忙给战友们倒水去了。

没料想，熄灯前晚点名的时候，连长突然在全连对罗盛教进行了表扬，并简要叙述了他救人的事，号召大家向他学习。

救火的事，连长怎么知道的呢？罗盛教正纳闷，连长指挥全连唱起了罗盛教最喜爱的一首歌。

敌机轰炸了村里的屋舍。可是，顽强的人们没有畏惧、退缩，生活依旧有条不紊。

清早，妇女们从棚里出来，走到小溪边，洗去一夜的睡意，拿起锄或锹，背起孩子下地去干活。她们有一个坚强的信念：一定要让燃烧过的土地，长出茂盛的庄稼。

夜晚，人们在灯下碾着军粮，常常是通宵达旦。一个个棚里透出灯光，是有人在为战士们缝补军装，常常是年轻妇女和戴着老花镜的大娘默默地、细密地一针一线地缝着。人们朝朝暮暮忙碌着，既不长吁短叹，也不愁眉苦脸。

罗盛教把人们的一举一动看在眼里，记在心中，常常发出感叹：这样善良、勤劳的人民，美国强盗有什么权利逼得他们露宿山林，使他们的田园布满弹坑！

在寄往祖国的信里，他发自内心地写道：“朝鲜的人民是坚毅不屈的，重重的苦难，压不倒朝鲜人民。”

一天，罗盛教跟着陈征给前沿阵地送完饭后，沿着一片开阔地往回走。当路过一个大土堆时，陈征默然了。他拔下在嘴里叼着的铜烟斗，怀着沉重的心情放轻了脚步：在我们的部队到来之前，敌人曾在这里活埋了几十个老百姓。

一阵风吹来，土堆上的沙石飒飒地往下滑。陈征放下扁担，从沙石里捡起一只拴着鞋带的小红鞋，脸色一瞬间变得阴沉。

望着手中那虽经风吹雨淋却仍然色泽鲜艳的小鞋，罗盛教仿佛看到了孩子那娇嫩活泼的笑脸，看到了母女相依时的那种恬静和快乐……小红鞋，强烈地触动了罗盛教的心弦。

孩子，可以说是人们生活里最动人、最绚丽的花朵，同志们爱孩子的情景，一幕幕在罗盛教眼前闪现：连长从画报上剪下祖国儿童的照片，小心翼翼地夹进小本本里；从敌机翅膀下闯过来的汽车司机，帽子被子弹穿了好几个洞，可驾驶室内那胖娃娃的图片，却依然贴得周周正正；蹲在战壕里的战友，收到了家信，听到自己的孩子又长高了、长胖了，日后见面恐怕都不认得了的消息，总是傻乎乎、甜蜜蜜地咧着嘴笑……整天生活在炮火下的人们，是那样强烈地憧憬着美好的明天，是那样真诚地描绘着安宁的未来，而孩子，正是未来的主人。

罗盛教难过地蹲下身，挖开沙石，把小红鞋深深地埋进土里。

炮声又响了，敌人的炮弹嗖嗖地飞过我军阵地。罗盛教愤恨地说："这算什么和谈呀？骗人！"正说着，只听得一声尖啸，紧接着一颗炮弹爆炸了，整条山沟硝烟弥漫。

陈征见此情景，提醒罗盛教说："小罗，进入敌炮封锁区了，扁担提在手里，要快！"他俩在爆炸的间隙，飞速前进了几百米。

突然，山坡那边传来小孩凄厉的哭声，他俩一愣，忙循声找去。拐了几个弯，在一座防空洞旁，看到一幅惨景：一个小孩扑在一个妇女的胸脯上，全身沾满了鲜血，哭得几乎要昏厥过去。那妇女的白衣裙染得血红，胸部、腹部被炸弹撕裂开来，殷红的鲜血把满头披散的乌发黏结成一片。她手里还紧紧握着刨地的锄头，锄把上流滴着鲜血。她背上背着的婴儿，已被炸得只剩下一段身子了。

这惨景惊呆了罗盛教，他手里的急救包一下滑落在地上，浑身微微地颤动着，像是有什么东西在一口口地痛咬他的心，毛骨悚然地透过他的骨骼弥漫到他的全身。

这母子三人刚刚还耕耘着自己的土地，呼吸着天空的气息。或许，母亲的心里还憧憬着未来。

可是现在，只剩下一个小孩——一朵生命的小火花了，这朵小火花，被遗弃在播种着美好愿望的土地上，遗弃在两摊殷红的鲜血上。

罗盛教一把将孩子揽在怀里，为他擦拭着满身的血迹，并清楚地感到自己在浑身颤抖。孩子从哭声中清醒了，两只圆溜溜的眼睛盯着罗盛教，他的一双沾血的小手，紧紧地抓着罗盛教的衣领。罗盛教望着敌人炮火飞来的方向，牙齿咬得咯咯直响。

陈征跑到附近，找到了一位朝鲜老大爷，带来了锹和镐。他们三人不顾仍有炮弹爆炸的危险，一起动手，把朝鲜妇女埋葬在她曾耕耘过的土地上。他们把坟头堆得高高的，并且就近移来棵小松树，栽在坟前。

孩子，多么可爱的孩子！要不是美国发动的侵略战争，你怎会失去慈母！罗盛教脱下一件单衣，掏出身上仅有的钱，作为自己的一点心意，交给老大爷，请他照顾孩子。

离开墓地的时候，小孩从老人怀里扬起头来，凝视着坟墓，他好像现在才突然明白，从今往后，自己再也见不到终日依偎的母亲了，再也感受不到母亲身上的温暖了！他从老大爷的怀里挣扎出来，一头扑到坟上，绝望地大哭起来，两只小手拼命地扒坟上的土！新栽的小松树发抖了，颤动着，摇曳着。心如刀绞的罗盛教，浑身又一次颤抖，他鼻子一酸，泪珠接二连三地滚落下来。

回到连队后，罗盛教独自一人闷声不响地坐了好半天，总觉得那惨不忍睹的场景萦绕在脑际。夜深了，罗盛教感情的潮水，还在澎湃不息。

到朝鲜战场后，罗盛教还没有在战场上、阵地上与美国鬼子交过手。可是，侵略者在朝鲜土地上犯下的一桩桩罪行，一笔笔血债，使他更感到了侵略者的可恶可憎：他们跨洋越海，到这里行凶逞狂，把一个好端端的宁静国土变成了火山油锅，化作了人间地狱，想起来多么令人发指啊！

初生的婴儿，种地的母亲，千万个父老兄妹，你们究竟有什么罪啊！是谁？是谁要你们在这火山炼狱里受这样的折磨！他恨不得立即化作一枚炸弹冲上阵地，杀进强盗群中，与这人世间无法容忍的罪恶同归于尽。过了很久很久，罗盛教的心才微微平静一些。

只见他打开电筒，俯身翻开日记本，飞快地写道：

“当我被侵略者的子弹打中以后，希望你不要在我的尸体面前停留，应该继续勇敢前进，为千万朝鲜人民和牺牲的同志报仇。”

艰难送粮

美国继续纠集军队向夜月山、天德山推进，准备发动“秋季攻势”。与此同时，它又竭力以狂轰滥炸和重点封锁来摧垮我军的运输供应。我们的补给线遭到严重破坏，粮食、弹药很难运上来。

一排负责到前沿执行侦察任务，已经八天了，必须给他们接济粮食。连部里亮着灯，连长有些犯难：“这儿离前沿四十多里，隔着好几座山，几个干部又不在，让谁带队呢？”

连长的眼睛一亮：“管理排？让小文书带队呀！”

指导员高兴地说：“行！我看行。”自从离开了南映里，罗盛教背着小石他们，不止一次地要求上前线去，请求连里分配他艰巨的任务。连长、指导员望着他燃着火的眼睛，深深地为这淳朴而强烈的作战情绪所感染。

前不久，连长带着罗盛教给前线送过一次弹药。在一片开阔地上，敌人突然打起炮来，炮弹接二连三地爆炸，泥土大块大块地飞上天空，一群人紧跟连长，把弹药箱搂在怀里，跑一会儿便卧倒，卧会儿起身再跑。卧倒时，大伙就大口大口喘粗气。连长正在观察，忽听趴在身边的罗盛教说："炮弹很密集，再耽误会出危险，快下决心吧，连长！"连长望了罗盛教一眼，猫起腰，带头跑起来。罗盛教一招手，大伙一个跟一个，飞一般地冲出了封锁区。

出了封锁区没走多远，他们来到一条小河边，河对面经常有敌人活动。朦胧的月亮隐在云后，摸不清对岸的情况。河上的独木桥不见了，只有石块固定的桥墩还在。

罗盛教伏在连长身边建议："连长你看，河那边影影绰绰的，好像有一根炸断的马尾松。"罗盛教的想法是想架桥。

连长也正琢磨呢，于是问他："怎么过河呢？"

“游过去！”

“你会水？”

“不成问题！”

“问问还有谁会，多过去两个人吧。”

罗盛教说：“对面的情况还不清楚，人多了目标大，水声也响，容易暴露。况且，那树干一个人也拖得动。”

连长在月色下望着他，很赏识地点点头：“行动吧，要眼亮耳尖，加强防备，万一有意外，我们掩护你。”

就这样，罗盛教溜到水边，像一条大鱼似的潜入水中，水面上闪动着一溜暗青色的波花。

过去之后，他轻轻地送来了没发现敌人的暗号，独木桥很快就架成了。

同志们过桥时，罗盛教怕圆圆的松树滚动，就全身浸泡在水里，双臂紧紧搂住，用肩膀扛着松树。

连长最后一个过了桥，把罗盛教从水里一把拽上来，将衣服塞给他，在他那湿漉漉的头上摸了一把，疼爱地说：“快穿上！”

那次送弹药，罗盛教给连长留下很深的印象。

对知识分子出身的战士，连长见得不少，但像罗盛教这样既有胆识又有心计，并且成熟得很迅速的同志，他却是第一次见到。

这次，送粮的任务落到了罗盛教的肩上。

深夜，闪电接着闪电，滚雷压着滚雷，大雨倾盆而下，下了有两顿饭的工夫。

天亮了，十四个人组成的送粮队像一支绿色的利箭，射入了松林绵密的青山。他们每人扛了五十斤大米或面粉，用背包带打个十字交叉捆绑在背上。

开始，他们的脚步又大又快，一张张年轻的脸庞，红彤彤的冒着热气。他们穿过尖利的岩石和丛林，脸和手被芒刺划出一道道血痕。

罗盛教深深地呼吸着新鲜的、潮湿的、带着葱木菊芬芳的空气。轻风吹过，一株株被炮弹削去多半边的大树，洒下一阵积存的雨滴，恶蚊和牛蝇从残存的树叶子里不时袭来，把他们的脸和手叮起疙瘩。

炮弹轰击过的焦土，变成了一潭潭黏性的泥浆，战士走在上面，歪歪扭扭，晃晃悠悠。

跨过平地，又一次进入高山，路窄草滑，大家正跟着罗盛教鱼贯而行，突然，从崖的那一边传来呼隆隆的吼声，这声音像松涛，又像是远方的沉雷，听起来怪吓人的。大家面面相觑，弄不清是怎么回事。

罗盛教趴在崖壁听了会儿，加快了前进速度。转过崖角，罗盛教大吃一惊，大家也倒吸了一口凉气，停止了前进。

原来，他们被一条波浪翻滚的河谷挡住了。这里原来蜿蜒着一条清澈见底的溪流，因为暴雨，它在夜间像着了魔似的疯狂起来了，山洪暴发，咆哮奔突的恶浪挟着枯柴和连根拔起的小树、茅草，水下还滚动着斗大的石头，漫山遍野回响着轰隆隆的可怕声响。

大家不声不响地放下了粮袋，呆愣愣地站在河边。这个出乎意料的险阻，昨天在连部研究可能遇到的困难时，谁也没估计到。

罗盛教很沉着，没流露出丝毫慌张情绪。他巡视了四周，当沿着河岸往上游走时，碰到个兄弟部队的通信员，通信员看出这是给前线送粮的，指着上游说道：“你们过不了的，别瞧岸口不宽，水流得可急哪，连我们炮兵阵地上的汽车都给掀翻啦！”说罢就匆匆走了。

河两岸长着笔直粗壮的大松树，因为是死角，炮弹无法伤害它们。石宝定泄了气，一屁股坐在地上，叹了口气，绝望地看着罗盛教。

望着地上的一排粮袋，罗盛教心急如焚！

祖国人民关心着远在朝鲜的儿女，千方百计给前线运来了弹药和粮食，这些物资走了几千里路程，穿过了多少重点轰炸区，突破了多少险要关口！那么艰难的封锁线都过来了，难道就因为眼前的洪水，停留在我们手里？

无意中，他触到了边上的粮袋，像是突然触到了祖国人民滚烫的胸膛：罗盛教啊罗盛教，粮食上不去，拿什么脸去见一排的战友，回去后又怎么向连长、指导员交代？

司号员小彭说：“反正一把炒面一把雪的时期都熬过来了，让一排再艰苦两天，洪水也许就退了。”

罗盛教回过头来，几乎是用气愤的眼神盯着他。小彭低下头，忙退到边上去了，他第一次发现罗盛教的目光是这样的严厉逼人。

石宝定叹了口气，走到水边，毫无目的地胡乱瞅着，突然，他挺直身子，紧盯下游，拍了一下脑瓜，惊喜地叫了声："有缆子！"大伙顺他手指的方向仔细一瞧，不远处有条拇指粗的竹缆，两端系在两岸那直入高空的落叶松上，中间落到水里去了。罗盛教一动不动，不眨眼地瞅着，心想：看样子，这竹缆很可能是过往的工兵在黎明前水势不大时连在一起的。

罗盛教那清瘦的脸庞上焕发出兴奋的光彩，乌亮的眼睛放射着喜悦的光芒。

让前线的同志饿着肚子，怎么去消灭敌人呢？想到这里，罗盛教的心微微地颤动了！他望着同志们，说道："大家别担心！我水性好，在湘西上学时就常常游水，现在又是空手过。先把缆子拴结实，就都好办了。"

他见张信只接了四条背包带，又说："再接几条，接长点。我人下水，竹缆可不能下。它带水很重，负荷大，我在急水里拖不动的。"

罗盛教说着，脱得只剩下裤头了，他浑身上下黑里透红，虽然显瘦，肌肉倒很结实。他将背包带一头拴在腰上，另一头与盘在松根下的缆子接上，活动活动身体，跳到水里。

石宝定俯身紧紧抓住罗盛教的手："万一力量不行，给冲跑了，可千万不能往回游！"他指着下游百多丈远的一个急转弯，"你看，那湾子上好高一块巨石哟，摔上去就完了！往回折，你顺水往那边游，只要能抓住对岸的小草小树，就没事的。"

是啊！那块巨石光溜溜地矗立在水中，顶上长满了石花与苔藓，远处望去，像两个披着绿盔甲的大力士，有意以威武的身躯做砥柱，要把惊涛骇浪压到一边去。

罗盛教望着巨石不言不语。大家看到，在他那沉静坚韧的性格里，别有一种潜在的热情，一股轻易看不见的暖流。

司号员小彭望着浸在水里的罗盛教，回想自己方才打退堂鼓时所说的话，心里又惭愧、又难受，憋红着脸，走到罗盛教面前，握住他的手，结结巴巴地说："我……我们把带子拽紧，看着不行，我们往回拖，说啥……说啥也要把你拖回来。"

罗盛教拉着小彭的手大声说："这可万万使不得噢！水太急，你们倒拽，那我就非完蛋不可！大胆放开带子，我自有办法！"说罢，摆了下手，翻身扑进浊流里。

一只雄鹰从高空盘旋而下，伫立在水湾处那巨大的石壁上，用尖利的目光注视着洪波嘶啸的浊流。罗盛教扑进水里，眼前的河面显得开阔莫测，四围响着一片难辨的风声与涛声，他眼明手快，侧身逆流，斜着往前游。

将近河中间，急浪像千百头神奇狰狞的怪兽滚滚而至，罗盛教时跃时伏，毫不惧缩，一会儿，他好像驾着流云，一会儿，又好像踩着雷霆。当他刚探头换气时，冷不防一个恶浪当头击下，顿时打得他眼花耳鸣，手脚失措。好容易缓过来，腰里的背包带又突然加重了，仿佛有头疯狂的大水牛潜在水底拽着他走。

不好！罗盛教用尽全身气力，以最快的速度转身往回游，猛地往水面上一蹿，才侥幸把背包带从一个大树根上拉脱下来，又一次滑出了险境……

岸上的十多双眼睛，目不转睛地盯着波浪，只见一个矫健的身姿，时而腾越在浪尖上，时而又潜没在水里。

岸上的战士传递着手中的背包带，手心里早就沁出了汗……罗盛教终于抓住了对岸的茅草，纵身上岸了！大家高兴得像突然在同一时刻醉了酒，举着两手，跳跃着欢呼着！

竹缆像条土黄色的长蛇，溜入水中。

当竹缆在离水面三尺高的地方绷成一个弧形时，只见罗盛教又落入了水中，手抓缆绳，下半截身子浸在河流里，双脚蹬着奔涌而至的巨浪，一摇一摆地过来了。

张信见背包带还拴在罗盛教后腰里，开始逗乐了："俺们河南人最会玩猴子了，你们瞧咱小文书，后腰拉个绳子，又只穿个裤头，一跃一跳的，多像个小猴子！"

石宝定从背后给了他一拳："别笑话人！待会儿拉绳子过河，你河南人也得当猴子哩！"

罗盛教过来，集合起队伍，布置过河："谁会水，先空手过去，一头一个会水的，做好万一发生意外下水救人的准备。过河时，一次一个，过多了缆绳承受不住。不过大家放心，一般情况下缆绳不会断的，我们湖南常用这玩意儿背河拉纤，它韧得很哟！关键问题是粮食在背上要拴牢拴结实，人在粮食在！大家胆子要放大，手要抓紧，两眼远视，别往水里看，不然会发晕。一句话，越胆怯心越慌，越容易出危险。同志们，大家有没有这个决心？”

“有！”河岸上响起有力的喊声。

粮食送上了一排所在地，李带箭他们飞似的迎了下来。同志们相见，你一拳捅过来，我一拳捅过去，那个快活劲就甭提了。

李带箭说：“我们快三天没吃饭了，净挖野菜、野苞米，你们是怎么过来的？我们排长一大早派人回去，让洪水给挡回来啦！”

张信指着罗盛教：“今天要不是小文书有办法，你们就饿着吧，等把肠子饿成细绳绳去捆美国佬吧！”

张信的话逗得大家一阵哄笑，一个大高个望着一袋袋粮食，拍着肚子大声地说：“好呀，这下可以放开肚皮吃个饱了！”

罗盛教摇摇头，对大家郑重地说：“弹药、粮食的补给越来越紧了，我们要准备接受更严峻的考验啊！”

野菜充饥

补给线暂时中断了，生活十分艰苦，侦察连已经一个多月没见青菜叶了，老王头子每天锁着眉头给大伙熬高粱米稀粥掺盐水。偶尔在黏糊糊的粥上放一撮干咸菜，同志们就感到香喷喷的，嘴皮顺着碗沿子吸溜，绕了一圈又一圈，可就是舍不得动它。能多闻多看一会儿咸菜，已成为一种难得的享受。

指导员站在连部的土台阶上沉思着，脸上的颧骨显得更突出了。敌人为了疯狂的军事冒险，正紧张地部署兵力。

战役前夕，侦察连是最繁忙的。许多经验丰富的老侦察员偏偏得了夜盲症，指导员正犯愁呢。

就在这时，卫生员小丁提来一小桶热腾腾的松针水。

石宝定喝一口又吐出来了。这水又苦又涩，实在难以下咽。他正要把剩下的小半碗往地上泼，小丁一把拦住了："不能泼！为了这桶水，罗盛教几乎一夜没眨眼。"

石宝定听了默默不语。小丁劝他："喝吧，喝完能使你眼睛亮起来。"小石一咬牙，喝了一大碗。

罗盛教又听说，把青蛙放在小铁锹上烤干，吃了能治夜盲，他一大早就到河边去抓青蛙了。

罗盛教总是默默地分担着连长、指导员的忧愁，这一点，精明的指导员看得清清楚楚。

罗盛教回来了，他的鞋和下半截裤子都被露水打湿了。他捧出一把绿油油的野菜：苦苦菜。

罗盛教说："朝鲜老乡叫它山菜，我刚才在谷地里发现了一片，够咱连吃几顿呢。这种菜我家乡有，青黄不接时没得吃的，我妹妹拿它当饭哩。它含有大量的叶绿素，治夜盲保准管用。"

指导员听到"叶绿素"三个字，笑了："那就通知各班，试试在野菜上做文章。"

在一片长满蒿草的荒地里，绿油油、嫩生生的能吃的野菜真不少。

一颗炮弹在离他不远处爆炸了，一堆野菜被炸得没了影儿。罗盛教抖抖衣上的土，气得眼冒火星。

野菜挖得不少了，才发觉自己因为太匆忙，忘了带箩筐来，看样子，得来个二次。

罗盛教在回团时，突然发现蒿子丛里有个发白闪亮的东西，走近一看，原来是敌机扔下的副油箱，这又轻又亮的铝质桶，不知谁又给加了工，装野菜不正好吗。

罗盛教正想弯腰去捡，有人扳住了他的肩膀。他警惕地扭过头去，原来是好久没见的陈征！罗盛教一把抓住陈征温暖的大手。

罗盛教看他握着一大把野菜，问道："也挖野菜啊？啥时回来的？任务完成得怎样？"

"还算顺当，抓了个活的。"陈征答道。

对于抓"舌头"，罗盛教总觉得惊险、神秘。我们的侦察员，天麻麻黑分成小组出发，拂晓，就从敌人心脏里带回"活情报"与一堆堆文件。战士们弄不清白皮肤黄眼珠的俘虏咕噜些什么，也看不懂那些曲里拐弯的洋字码，而我们的指挥部却凭这发出一道道命令，战斗就按照命令把敌人打得落花流水。

侦察员每次归来，罗盛教都用钦佩的目光望着他们，用自己的笔一项项记录着战友们的战果，为战友而高兴，而喜悦。但他也总因此有些内疚，觉得自己与同志们相比，对朝鲜人民的贡献太小了，太微不足道了。

陈征显得很兴奋，一边往铝桶装野菜，一边说：

“这次抓的这个，钢盔上还画着马头，是美骑一师的。”

罗盛教说：“听敌人自己吹嘘，这个师很能打仗啰！”

“唏！别听他们吹牛！我们今天审问这个家伙：‘你为什么到朝鲜来打仗呢？’他说：‘麦克阿瑟说，是到东方来旅行的，哪里知道是来打仗！’‘杜鲁门、麦克阿瑟好不好？’他便把手举在脖子前用力一拉：‘该杀！’‘打仗你们怕不怕？’‘我家有妻子、孩子，谁不怕死呀，我们士兵愿意干脆缴枪，早早回家去。’后来，这个鬼子挥着两个拳头呐喊：‘我要给美国写信，向杜鲁门、麦克阿瑟抗议，可恶的政府和财阀们，我对你们牙缝里都是仇恨的！’——这就是赫赫有名的美骑一师哟！”陈征说罢，自己也禁不住笑了。

罗盛教听得着了迷：“老陈，往后有敌后侦察一类的任务，你跟连长、指导员说说，让我也上去。”

陈征住了口，仔细地打量起这个年轻人。陈征从他的脸上，看到了埋葬被炸死的阿妈妮时的郁闷和愤怒，也看到了他送粮架缆中的大胆与沉着。好钢是炼出来的，有志气的战士，哪一个不想在枪林弹雨中闯一闯啊！今天的罗盛教，已经不是凭一时的冲动和热情来求战了。陈征的心里，一股喜悦之情油然而生。

他俩刚走过谷地，摇山撼岳的排炮像海潮一般涌来，一团团烟尘向高空升腾，凝聚成一片灰色的云幕。罗盛教放下装野菜的铝桶，和陈征并肩而立，仔细观察着炮火的封锁范围——这是敌人新设的一道炮火封锁线。望着望着，罗盛教又烦恼地搔起头发来了：刚找到一块野菜地，顷刻间又受到炮火的摧残，拿什么来治夜盲呢？当然，补给线一恢复，上级会送来鱼肝油和维生素丸。可眼前，新的战役迫在眉睫，首长和兄弟部队的战友都在眼巴巴地瞅着我们侦察兵啊！罗盛教忧心如焚，陈征也陷入了苦苦的思索，俩人默无声息地往前走着。

走到一条小河边，陈征突然惊呼一声：“好家伙！鱼！”哇！河面上漂着许多大鱼小鱼，白花花的一大片。惊喜的陈征指着河边大大小小的弹坑和一块块发烫的炮弹皮：“肯定是这玩意儿帮的忙！”说着就脱鞋挽裤子，准备下水打捞。

罗盛教抓住他的胳膊：“别急嘛！你往下边瞧：这小河通进那个大水潭里去了，那儿水深，流得也缓，保不定还有大家伙。”

他俩跑过去，连盛野菜的铝桶也扔下不顾了。那里是小河涨水时留下的水潭，看样儿不止丈把深，被炸死的鱼，有的漂在水面，有的沉在水底。

罗盛教像猫一样弯着腰在潭边绕着搜索，发现下边有名堂，就很快地扒下衣服，以敏捷、熟练的动作扎进了潭里。他时而潜入水底，时而钻出水面，把大鱼一条一条甩上来，最大的竟有七八斤重。

陈征像个被意想不到的巨大收获乐坏了的庄稼汉，憨憨地笑着，东颠西跑地捡拾着，兴奋得合不拢嘴："嘿嘿！哈呀！这一下擂住了，全连三五天干不掉！"捡的鱼白花花摆了一大摊。陈征见罗盛教头上身上的水也顾不得擦拭，绕着鱼堆手舞足蹈，乐得简直有些忘乎所以，就说："小罗，你见了鱼就乐得像中了魔，难怪人说，你们南方人是闻见鱼腥味儿就流涎水的馋猫子！怎么鱼死了有的浮在水面上，有的却沉下去了呢？"

罗盛教回答道："嗨！你不知道。鱼肚里都有个泡，叫鱼泡，也叫鱼鳔，里面有气。鱼鳔如果给炮弹震破了，气跑了，鱼就得沉下去。"

"炮弹怎么一下子能炸死这么多呢？"

"鱼跟美国佬一样，总是成群的，一炸就是一大片。"

陈征大概是想长点见识，就像个小学生似的，又问："这样的小河，上游的鱼多，还是下游的多？"

罗盛教说："对朝鲜的鱼我不懂。在我们湖南，像这样的小河，鱼是七上八下：七月天干，鱼在水湾憋久了，大水一下来就想换鲜水，加上上游小虫虫多，食物丰富，它们一见涨水就逆流而上，一个个摇头摆尾，像要去跳龙门似的，快活极啦！

到八月，起了秋风，气候发凉，水冷水暖鱼先知，鱼儿就想找深水隐伏过冬，于是就往下游做准备。所以，大家叫它‘七上八下’。”

陈征见他对答如流，十分喜欢他的聪敏：“好啊，小罗！等日后胜利了，我搬到南方去安家，你也娶个媳妇成个家，咱俩永远当邻居。你教我怎样吃鱼、捉鱼。”

罗盛教脸红了，他巡视着四外那葱翠的山峦和从山谷里哗哗奔来的溪水，突然又转了话题：“那时节的朝鲜，该会是个什么样儿呢？”他深情地凝视着陈征，“我想呀，我们志愿军应该和朝鲜人民结成亲戚，年年岁岁，四时六节，经常友好往来！……朝鲜这个地方，我爱呀！”罗盛教的声音轻轻的，他俩一同沉浸在甜蜜、醉人的憧憬之中。

一回连，罗盛教就进了炊事班。在这儿，他是最受欢迎的人。往常行军下来，累得要命，谁不想倚着背包躺下，伸伸腿，吸吸烟，养养神。每在这时，罗盛教就想到炊事班的同志最辛苦，行军比别人负担重，现在又要挑水、生火、煮饭，明天还得比别人早起……于是他就忘记了自己的疲乏和劳累，挽起袖子走进炊事班，抓住什么就干什么。

老王头子一见罗盛教，话也来了：“小文书，这样下去，你可要犯错误噢！”

“么子错误？”

“包办代替！”

罗盛教一笑：“别替我操心，还是小心你们自个儿好！”

老王头子停住手：“我们小心么子哟？”

“小心我罗盛教夺了你们的饭碗！”一句话，说得炊事班一片笑声，别的班还以为炊事员们开什么联欢会呢。

今天抓回这么多鲜鱼，入朝以来是头一遭。

老王头子高兴得脚不沾地，罗盛教他们忙碌得飞星溅火。因为过度的喜悦和繁忙，往常的玩笑反而顾不上开了。只听见一片锅盆刀杖相撞击的叮当声，偶尔传来老王头子短促的命令声，简直就像是在指挥作战一样。

炊事班里，今天笼罩着一种特殊的气氛。这种气氛，绝不单纯是饿极了的人，遇到一顿难得的美餐而形成的。它的特别之处，也正是它的崇高之处，就在于它渗透着另一层含意：同志们觉得，得到了一种“灵丹妙药”。有了它，就能早日恢复视力，夜行军再也不怕突然碰磕到前边同志的背包上；拿到任务，夜老虎们就能纷纷出动，摸上前沿……一句话，有了它，侦察兵似乎就有了可贵的“眼睛”，就能早日把美国强盗驱逐出朝鲜的土地。

开晚饭了，野菜、鲜鱼一盘盘端了上来。侦察兵们一个个吸溜着鼻子，甭提有多高兴了。他们乐津津地围住炊事班长：“老王头子，今日你用嫩菜焖大鲤鱼犒劳我们，我们明天抓住‘舌头’，先不往师部送，先拉到炊事班，让他给你叩头作揖！”

老王头子直摇手：“别缠我，别缠我！这是陈司务长从水里捞的。”

大伙摇着筷子敲着碗，又呼啦一下围住了陈征：“嘿呀老陈！你一回来，伙食就改善，不愧是上士出身的！光凭今日这顿饱餐，庆功会上也该给你挂红花！”

陈征也连连摇手：“咳！你们弄错了人啦！大鱼躲在深水里，我是旱鸭子，不会泅水，往河里一跳，就跟秤锤一样，把鱼不给砸个稀巴烂吗！”

大伙听陈征说得在理，不知到底是怎么回事，不禁面面相觑。这时，只见陈征高声说道：“你们看，抓鱼的人在那儿呢！“大伙顺着他的手指扭头看去，是罗盛教！

罗盛教围着白围裙，正捧着一盘香喷喷的鲜鱼走到炊事班的门口。他笑微微地站着，围裙被风轻轻地掀动，像一株茁壮的青松挺立在东风里。同志们望着自己的小文书，又是敬，又是爱：敬他眼光远大，襟怀云水，把朝鲜人民的解放事业当作了自己的事业；爱他脚踏实地，品格高尚，那一颗火热的心，紧紧地贴着战友们。

罗盛教直到帮炊事班洗完最后一个盘儿，才回到连部。罗盛教觉得无比的舒畅，浑身上下毫无乏累的感觉。

第一次战斗

由于时间紧迫，白连长决定亲自带队，在牛尾洞打一次伏击。

牛尾洞，充满了神秘、紧张的气氛。早在前几天，侦察员就在这一带详细观察，摸准了敌人的出没时间、行动路线及每次行动的人数。

漆黑的夜晚，罗盛教和同志们顶着牛毛细雨，拨开半人深的荒草，摸到一个山坡上，修好了临时工事，悄悄地隐伏下来，注视着敌人阵地里不断移动的探照灯光柱。第一次参加战斗，天亮就要和敌人拼一拼的罗盛教，心怦怦直跳，怎么也平静不下来。

陈征摸了过来，塞给他几块压缩饼干，又摸摸他别在腰里的两颗手榴弹，问他插好了没有。

透过没有散尽的晨雾，罗盛教才发现，他们是潜伏在一个很大的苹果园里。已经成熟的苹果又红又大，压弯了枝头，有的枝丫几乎触到了地面。

战争，摧毁了多少美丽的田园，又削断过多少恬静的大树，而这里的苹果树却相当完好，这是为什么呢？因为这里是敌我双方经常接触的地带，馋嘴的鬼子虽也贪婪地望过苹果，却不敢轻举妄动。所以，一个一个的大苹果，香味流溢，沁人心脾，经过硝烟的洗礼，显得更加动人。它不在乎战争，它蔑视杀人嗜血的强盗；它如期成熟，期待着自己的主人早日还家，进行收获。这别致而又罕见的战地秋色，使激战前的山地更有风采，更加壮美。

到了预定时间，敌人进入了伏击圈。李带箭带领的掩护组的机枪、冲锋枪吼起来了，喷射出一道道仇恨的火舌，把整个山洼打得狼烟四起。

可是，战斗中出现了反常情况，这次出动的敌人比以往要多一倍，战斗意外地艰难起来。敌人倚仗人多，呐喊着往上拱，捕俘组冲不下去，只得凭借工事，持短枪和手榴弹投入战斗。山坡上，各种武器全张开了口，和人的吼骂声、呼喊声交织在一起，像暴风骤雨一样反复回荡。

望着无所畏惧的同志们，罗盛教拔出一颗手榴弹握在手中，两眼逼视前方，紧张地寻找时机：今天我一定要亲手杀死几个鬼子，为朝鲜人民报仇！

突然，右翼阵地上一个战友中弹了，罗盛教马上冒着嗖嗖乱飞的子弹往右边跑去。卧倒！卧倒！身后一齐喊。子弹在罗盛教周围打起一朵朵土花。后边传来了白连长严厉的声音："往前冲要低一点！听到没有？"

罗盛教背下一个伤员，当他返回阵地时，更大胆、更沉着了，哪里火力猛，他就往哪里跑。

左翼山梁后陈征挥动手枪，带着捕俘组打得机智勇敢。只听陈征吼道："注意节约子弹，照着敌人的指挥官打！"因为这里人少，几个鬼子还是恶狠狠地扑了上来。

这样激烈的枪声，这样敌我混杂在一起在战场上是不多见的。刺刀在闪光，枪托在飞舞，除了吼骂声，只见有人扭打在一起。

罗盛教正蹲在二道壕里为一个伤员包扎，忽然发现两个端着刺刀的鬼子从陈征的侧后方迂回扑来，急得他高喊："当心！老陈！"陈征迅即来了个急转身，两把刺刀同时逼近了他的胸口。身高力大、眼疾手快的陈征，威猛地挺立在中间，左手抓住了从左边刺来的那把刺刀，右脚腾起，踢飞了右边的那把，同时用握着的短枪，向敌人的天灵盖猛砸。只一下，那家伙“呀”的一声，双手抱头，软塌塌地倒下去。左边的鬼子一看，吓慌了，狠劲往后一抽枪，把陈征的手拉出了两道血口子。

这时候，罗盛教恰好扑到了。他以迅猛如电的动作拦腰抱住这个比他高一头的强盗，同时摔倒在地。

鬼子被搂抱着，行动不得，于是干脆把刺刀一丢，两人你上我下地扭打在一起，鬼子毛刺刺肥胖胖，一下把罗盛教压在底下。

顽强的罗盛教，双手卡定敌人的脖子死死不放，鬼子气噎喉堵，叫不出声。陈征本想就势抓活的，但一看左边又上来好几个鬼子，抓活的已不可能，于是就用短枪抵住鬼子的太阳穴，扣动扳机，“砰”的一声，送他上了西天。

这里刚刚结果了敌人的性命，左侧的枪声突然像炒豆子一样响起来，陈征迅速转身，急忙跑上去。正跑着，一颗炮弹在他身边爆炸了，他猛然晃了一下，在一片火光中跌倒下去。

罗盛教“呀”的一声惊叫，扑了过去，只见陈征面色蜡黄，殷红的鲜血把左肩的衣服浸红了一片。罗盛教的心怦怦直跳，他望了眼在硝烟中蠕动的鬼子，牙齿咬得咯咯响！要不是怀里搂着陈征，他简直会马上化作一枚炸弹，飞入敌阵。

罗盛教背起陈征急忙往山下跑，他躬着腰在弹雨里穿过，激烈的枪声，隆隆的爆炸声，他一概置于脑后，只听得陈征的鼻息轻一阵、重一阵，揪得他的心紧一阵、松一阵。他这时只有一个念头：快！快哟！老陈疼得厉害，为了减轻陈征的痛苦，他尽量拣光溜的地方跑。

忽然一个踉跄，罗盛教跌了一跤。陈征滑了下来，腿上又有血渗出了裤子，煞白的脸上沁出一粒粒黄豆大的汗珠。

罗盛教的心里真像刀子割一样难过，他好像受到了最严厉的谴责，懊恼、愧疚在心头纠成了疙瘩：老陈是我们的英雄，他已经尽到了最大的职责，可我……一股汗水蜇得罗盛教的双眼火辣辣的，他有点慌张失措了。

这时，被痛苦折磨着的陈征伸出了厚大的手掌，擦着罗盛教满脸的汗水，宽慰地说：“小罗，别慌！听我指挥。”

他俩又前进了。“左拐！卧倒！”“往右！”“隐蔽！”老陈用很轻的声音指挥着，机警而巧妙地避开了敌人的炮火，终于顺利到达了临时包扎地点。

罗盛教担心陈征的伤势，不忍离开。陈征轻轻拍着他的手背说：“现在前边最需要人，别管我，快上去！快！”陈征的话像召唤冲锋的号角，噙着热泪的罗盛教点点头，强忍着内心的痛苦，转身走了。

为了抓住“舌头”，英勇的侦察兵打退了敌人的反冲锋，像尖刀一样，牢牢地扎在阵地上。战斗进行得很艰苦、很激烈，罗盛教赶到的时候，李带箭提着挺机枪，脸都熏黑了，乍一看很怕人。他瞄着一群群往上爬的敌人，狠狠地骂道：“这伙两只脚的豺狼，准吃的双饷，要不咋这样卖命！”

机枪喷着火舌，罗盛教与李带箭趴在一块。李带箭边扫射边说：“这段阵地咱俩包了。你把手榴弹准备好，我换弹夹时，你就给我炸，掩护我。”罗盛教握着手榴弹，把积聚已久的满腔怒火，凝集在手上。

机枪停了，刚才被压在山洼里的鬼子抬起了头，他们猫着腰，从气歪了的嘴里吐着叽里咕噜的怪叫。就是这群强盗，想把朝鲜人民压进地狱，想让我们的祖国再度沦入黑暗。罗盛教用尽平生气力，甩出第一颗手榴弹。手榴弹飞过去，正巧砸在最前面那个鬼子的脚面上，鬼子把枪一丢，“哇”的一声抱住脚，摔倒在地大哭大号，其他鬼子也忙把肚子贴紧了地皮。

但是，过了会儿，也没听到爆炸声。当鬼子悟到是手榴弹没有拉弦又纷纷爬起身的时候，李带箭正好换妥了弹夹，子弹暴雨般地扫过去，鬼子倒了更大的霉，一个个像麦捆子似的纷纷栽倒。

李带箭过瘾极了，嘿嘿直乐：“哈哈！正好是我锅里的菜！”罗盛教呢？又是高兴又是后悔，高兴的是鬼子稀里哗啦往下垮，后悔的是遍地尸体没一个是自己打死的。他真想把班长的机枪抢过来，由他扫上几梭子。

猛然间，两个鬼子从侧面钻到战壕里来了。前边的那个，一手端着卡宾枪，一手握颗鸭嘴手榴弹，罗盛教连那毛茸茸的脸都看得很清楚。李带箭吼了声：“手榴弹！”罗盛教一震，猛地迎着这残杀朝鲜人民的魔鬼站起身来，拉断了弹弦，咚咚咚地迈开大步，迎着鬼子走去。

前边那个鬼子一看这架势，吓得身一软、手一松，握着的鸭嘴手榴弹掉在地上，“轰”的一声巨响，把自己炸翻了。后边那个鬼子吓得刺溜一下躲进了战壕旁的猫耳洞。

罗盛教举着冒烟的手榴弹，眼看要炸，还不知脱手甩出去。李带箭慌忙喊道：“快甩！”罗盛教急忙顺手一甩，手榴弹“轰”的一声在近处爆炸了。李带箭跑过来叫了声：“好险哪！”弥漫的硝烟中，罗盛教发觉自己两手空空，已没有任何武器了。他脑子里灵活地一闪，立即向钻在猫耳洞里的那个鬼子扑上去。那个缩成一团、瑟瑟发抖的鬼子觉着有人揪住了他的卡宾枪，就半蹲下身子，憋住吃奶的劲，死也不肯松手，两人相持不下。

正在这时，李带箭端着机枪奔了过来，就势一跃，跨骑到这鬼子的头上，用脚把他死死地摁在洞边上，顺手把机枪往壕沿上一搭，对着硝烟里摸上来的一群鬼子，啪啪啪兜头猛扫。

罗盛教腾出拳头，照着钢盔下这张凶狞丑恶的面孔，狠劲就是一阵拳头的暴雨。鬼子鼻青眼肿，没命地号叫起来。罗盛教乘机从鬼子身上拔下两颗鸭嘴手榴弹，挺起腰来，大胆地甩进正在机枪下卧倒的鬼子群里。

在飞闪的火光中，在滚滚的硝烟下，飞溅着敌人的碎布和血肉，敌群里一片鬼哭狼嚎……罗盛教长长地出了口气，脸上现出一个惬意的笑影，那双雄鹰翅膀一样的浓眉，微微地抖动着。“嗖”的一声，他又甩出了一颗……这次伏击，终于抓到了几个“舌头”，其中就有李带箭死死摁在猫耳洞的那一个。他在被押回来的途中，一个劲斜眼瞅着罗盛教，因为他第一次领受了这个中国人的拳头。

罗盛教一下来，就带着陈征换衣服时留下的黄铜烟斗，赶到军医院去看望他。面前的陈征，络腮胡长时间没顾上刮了，在失血过多而变得苍白的脸上显得密麻麻、黑森森的。罗盛教深深感到，尽管伤口在折磨他，但他却是那么坚毅、坦然。当罗盛教得知医院决定立即送陈征回国治疗后，心情十分沉重。他紧紧地抓着陈征的手，多么不愿意和陈征分开呀！

陈征望着罗盛教含泪的眼睛，觉得这双眼睛是深邃的、明亮的，它究竟蕴藏着多少敏锐和深沉，蕴藏着多少智慧和力量，你不能够一眼看透。但陈征却感到，在这明眸的深处，分明闪耀着一种气质上的巨大变化。从湘西到朝鲜，他那微弯的嘴角已有了表示决心的明显线条，饱满的额头上已微现出表示深思的细纹，文质彬彬的仪表一变而显得结实劲健。总之，罗盛教已从一株树苗逐渐成长为一棵强壮的大树。

是的，初到连队的时候，罗盛教多少还沾染着知识分子的味儿，湘西剿匪斗争中的爱与憎，侦察连生活里的甘与苦，洗涤着这个年轻人的胸怀。自从踏上抗美援朝的征程，罗盛教和同志们一起，被时代移植到国际主义这个更加广阔、更加肥沃的土壤之中。在这块土壤中，阶级的爱与民族的恨凝聚为新的雨露，与战火、热血交融为一体，沐浴着、滋润着罗盛教这棵茁壮的小树，小树以惊人的速度强壮起来了！现在，它以无比庞大的根系拥抱着朝鲜的土地，吮吸着朝鲜的乳汁，朝鲜的人民已成为这棵大树的营养来源。

陈征望着罗盛教，心里感到宽慰，也感到安然。在这离别之际，他们之间有多少话要说啊！然而，他们什么也没有说出口。无限的深情，全凝聚在眼角眉梢里。

罗盛教眼里闪动着晶莹的泪花，默默地望着陈征被抬上了绿篷汽车。最后一次握别，他俩对视着，久久不肯松开手，直到医生再三催促的时候，陈征才握着铜烟斗，依依深情地嘱咐："罗盛教同志，记住，朝鲜人民曾把心掏给我们中国的解放事业。我们一定要和他们一块儿，把美国鬼子赶出朝鲜的土地！"

热泪滚滚的罗盛教，用力地点了点头。他目送着远去的汽车，直到它消失在视线里，才依依不舍地往回走去。不知不觉，月亮悄悄地爬上了东山坡，微风吹过小河边的苞谷地，一片哗哗啦啦的喧响。罗盛教紧紧皮带，拉拉帽檐，加快了步伐。山道上，月光照射出一条健壮而长大的身影。顾盼着自己不断前进的影子，罗盛教激动地思念着自己的老师与战友陈征。

老陈啊老陈，你与罗盛教相处的时间并不长，但你，却在罗盛教的心海里激起过一层层波浪，唤起这个年轻人那么多清醒、新鲜的感觉，使他一次又一次重新掂量生命的价值，揣摩人生的意义。你襟怀是坦荡的，胸口是火热的！不论在朝鲜，还是在我们祖国，只要是上了战场，你就骁勇如虎，威慑群敌；凡是逢到日常琐事，你就谦和乐观，先人后己……是你，大大开拓了罗盛教的眼界；是你，按照党的教导，引导着罗盛教在革命的大道上步步前进。你那沸腾的热血，奔涌在罗盛教的心头！

回首往事，罗盛教禁不住自言自语："老陈啊老陈，你一定会回来的！一定！我罗盛教等着你！"

顶水

中国人民志愿军和朝鲜人民军的奋力抗击，使美帝国主义吹嘘的“秋季攻势”被粉碎了。侦察连奉命撤到朝鲜北部后方休整，他们来到了平安南道成川郡石田里。

石田里是一个秀丽的小山村，十多户人家住着两排房子，坐落在西山坡上，村前有条小河。

这秀丽的山村已被美国侵略军的飞机摧毁，变成一片瓦砾。

山村原来有三十户人家，二百多口人，炊烟锄影、鸡犬相闻地安居着。去年冬天，美国侵略者对这里进行了一次惨无人道的大焚烧、大屠杀，年轻姑娘、年轻妇女被抓走，遍野的尸体堆里，只爬出一个年近花甲的老大娘：元善女。

部队到这里后，秦指导员就把队伍带到山脚下，倾听元善女的愤怒控诉。她告诉大家，现在的石田里，是从外面迁来的人们在灰烬和废墟上重新创建的。

罗盛教站在战士的行列里。自从牛尾洞伏击以后，他又接连上过几次前线，战火把他锤炼得更加干练、更加成熟了。

部队在村子里住了下来。

罗盛教住进崔大娘家，他带着石宝定等人帮着房东大娘收豆子、收红薯，还帮崔大爷拉犁耕地，抱稻草修房子。在村里，他还经常帮其他妇女铡草喂牛。

天气冷了，罗盛教看到阿妈妮每天大清早要用瓦罐去顶水，就问为什么不前一天把水打好。

阿妈妮敲敲瓦罐，罗盛教明白了，怕夜间冻破了罐子。回到连部，他对大伙说：咱们每天早起床十分钟，帮阿妈妮打水吧！第二天早上，他就带了头。

朝鲜人民打水不用桶，都用大肚罐子顶，一罐能装二三十斤哩。罗盛教不会顶，罐子没有耳子，想提又没法提，罗盛教就搂在怀里抱着走，水花溅出来了，他身上冻成了冰盔甲。

崔大娘连忙迎上来，她接过罐子，疼爱地拍打着罗盛教身上的冰盔甲，硬要他进屋烤烤火。烤火的时候，罗盛教还用不服气的目光看着放在一边的水罐子。

回到连部，罗盛教决心要学会顶水。他蹲下身，让小石他们把满满一罐水帮他放到头上，自己伸出手抠着罐沿，慢慢地直起腰。可是，略一挪动，那冰冷的水就滴在脸上，洒到脖子上，可真不是个滋味。

罗盛教做事，从不半途而废。晚上，人们睡觉了，他还在屋里独自顶着罐子，试探性地兜着圈儿，琢磨着顶水的诀窍。当他往罐子里加水的时候，惊动了对屋的崔大娘。崔大娘披衣坐起，默默地望着窗上那个缓缓移动的剪影，陷入了久久的沉思……

功夫不负有心人，罗盛教终于把顶水学会了，没过几天，罗盛教的顶水技术就相当可以了。每天早晨，天还不亮，村口的哨兵总是发现他和石宝定提前起床，在寒风中，在冰冻的小路上，顶着满满一罐水，步子坦然自如地走着。一罐罐清凌凌的泉水，在笑声中送进了石田里的一幢幢茅屋。

崔大娘打心眼里喜欢罗盛教，她经常趁他不在，偷偷把五六个又红又大、又甜又脆的苹果塞在他的被子下。当罗盛教叫着“阿妈妮”把苹果捧回来的时候，她会生气地说：“什么‘阿妈妮’！为啥连个苹果也不吃？再这样，明天就别给我顶水啦！”她在街上碰到扶杖而来的元善女，就搀着她坐在门口，指指路过的志愿军，指指自己的家，竖起大拇指连声说：“乔什迷达！乔什迷达！”意思是说，住在我家的那个志愿军真是好样儿的！每当她说到动情处，元善女的拐杖就禁不住笃笃笃地又在地上蹾起来。不过，这次蹾出的不是她在控诉时表示仇恨的麻窝子，却是标志着内心激动、喜悦难抑的小花点儿。

在石田里，侦察连的同志都发觉，罗盛教显得格外开朗、活泼，简直变成了一个“孩子王”。他在街上一走，后边就跟上一长串。谁家孩子玩泥巴弄脏了脸，他就端一盆水给细细地洗；谁家孩子不小心冻伤了，他就从卫生员那儿取来药膏轻轻地擦……石宝定逗一个长得很结实的男孩，拧住鼻子叫他“小胖墩”，罗盛教就附在小石耳边告诉他，这“小胖墩”的名字叫崔莹，旁边那个女孩叫明玉……一连说出了十多个。

孩子们聚在一起的时候，也总想起这位志愿军叔叔。明玉一招手，孩子们就蹦蹦跳跳地拥到崔大娘的院落里，他们先派出一个人轻手轻脚地走近罗盛教住的房间，扒着门缝往里瞧，要是瞅见他正在工作，他们就屏住声气，悄悄地退出来。要是空闲着，就“噢”的一声蹦进屋里，笑嘻嘻地把罗盛教拖出门。门前，早有一大堆孩子等着呢。每逢此时，罗盛教就让他们排好队，和他们做“老鹰抓小鸡”的游戏，或是教他们唱中国歌曲。孩子们很聪明，虽然不懂中国话，教几遍也就会唱了。孩子们又给罗盛教唱朝鲜歌曲，他总欣喜地偏着头静静地听、轻轻地哼……身旁的这些孩子，多么活泼可爱呀！望着这些孩子，他又联想到南映里被炸死的阿妈妮遗留下的那个孤儿……这些被鲜血滋润、由困苦哺育起来的孩子，是无情战火里的幸存者，是灾难深重的父母，宁肯献出一切也要保护下来的生命的幼芽。血与火在世界的东方孕育着曙光，这曙光就蕴蓄在孩子身上，难怪孩子们红润润的脸庞像是一朵朵娇艳绚丽的花儿，浴着春光，染着朝霞。与死神鏖战着的人们之所以由衷地热爱孩子，正是因为在他们身上寄予着自己所为之奋斗的希望与理想。

罗盛教，是孩子们亲密的大朋友；孩子们，都是罗盛教学习朝鲜话的小老师。以前，为了工作方便，他跟着联络员学过几句朝鲜话，到了石田里，这几句远远不够用了。为了进一步搞好军民关系，连里也号召大家要积极学习朝语，一有空，罗盛教就让孩子们教他朝鲜话。孩子们教得热情，他学得认真。

侦察连一百多人，罗盛教的朝鲜话说得最好、最多、最流畅。他还编了个顺口溜，来帮助大伙学习。

这个顺口溜还谱上了简单的曲子，在各班各排流行，推广。顺口溜传到炊事班，老王头子赶着炊事员连夜学唱，他高兴地说："日后借个水瓢什么的，再也不愁说不清楚了！"

这年元旦就要来临了，为迎接新年新岁，全连展开了风雪大练兵。有的排在积雪的山坡上做战术动作，有的在小操场上喊声震天地练刺杀。罗盛教把连部班带到泥栎河边的平滩上练投弹。

正练在兴头上，李带箭和另两位班长跑来找他："小文书！我们的练习手榴弹和检查靶子都不够，再发些个吧！"

罗盛教手摸后脑勺，发起了愁：这些训练器材，上级发的有限，哪来这么多呢？班长们怏怏不乐地走了。

回到房东家，罗盛教看到崔大爷在做牛鞅子，被一下子提醒了：自己动手，制作简易器材。连部班的人一齐动手，找来了又重又结实的铁壳子树，做出一颗颗木制手榴弹，还有什么三脚架、检查靶……

翌日早晨，起个大早的罗盛教顶着水罐正要出门，崔大娘出来了，她微笑着朝罗盛教直招手，罗盛教就跟着她来到一个堆放牛饲料的小屋前。小屋门一推开，一大堆木制手榴弹，奇迹般地出现在眼前。惊喜的罗盛教拿起一颗，只见它做得既标准，又精致。

罗盛教正要问，崔大娘看出了他的神情，打着手势告诉他：这是崔大爷一宵未眠赶制的。

听了这话，罗盛教深邃的眼里迸出两朵兴奋的火花：难怪昨天傍晚他们忙活的时候，崔大爷背着手、弯着腰，在他们身边转来踱去，一语不发。谁料老人家当时正琢磨这个事呀。朝鲜人民总是把对志愿军的爱深深地埋藏在心底；这些，也深深地激励着罗盛教，训练器材解决了。这真好比是雪中送炭呀！

李带箭他们高兴得直称赞文书点子多，有钻劲，声言要找连长为他请功。

罗盛教答道："一堆子木头疙瘩，值得为我请什么功哟！要说请功的话，就给崔大爷他们请功！"他把崔大爷他们赞扬一番后，接着说："枪杆子是和平的脊梁骨，只要你们能练出精兵，帮助朝鲜人民把侵略者赶出去，我为你们请功！"他的一席话，把大伙说得笑了起来。

元旦的前一天，气候严寒，天空晦暗。石田里的妇女全部出动，有的做纸花，扎彩树，有的用冻得通红的双手，把志愿军的被单捶洗得雪白鲜亮，把住房收拾得干净整洁，一心要让战士们过个快乐年。罗盛教望着那舒适的住屋，想起在湘西见到陈征的第一个夜晚！他现在伤势怎么样呢？他要是在这里，笑眯眯咂个铜烟斗，该多好啊！

夜里，望着漆黑的屋顶，罗盛教想起六年前离开家乡马龙坳时，天也就是这么黑，妈妈睡不着，爸爸在叹息，妹妹在断断续续地啜泣……那情景仿佛就在眼前。

自从到了革命军队里，罗盛教才觉得真正地有了家，这个队伍是从艰苦环境里杀出来的。但罗盛教深深地感到，部队的整个怀抱里，充满着阶级友爱，充满着同志的温暖。

这友爱和温暖来自哪里呢？来自陈征，来自秦指导员、白连长、李带箭、老王头子。岂止是部队，还来自乌宿的刘老妈妈，来自在风雨之夜高举风灯的朝鲜老妈妈，还有方才吹灯掖被的崔大娘……这温暖，来自中国也来自朝鲜，来自这支无产阶级革命的大军！

正是为了这支队伍的胜利，金涣、陈征、李带箭……他们才一个个奋不顾身、前仆后继地进行战斗。人活着，就应该像他们那样，跳出个人的小圈子，把眼光望着普天下受苦受难的阶级兄弟。

在罗盛教二十岁的人生中，他体会到：人生真正的快乐，真正的幸福，就在于把自己熔化成炽热的钢水，浇铸到无产阶级的解放事业中去！而眼下，就是要为可爱的朝鲜人民，勇敢地献出自己壮丽的青春，这是自己应尽的无产阶级国际主义义务。

永远活在中朝人民的心中

1952年1月2日早晨，窗台上拥着积雪，屋檐下垂着冰凌，大地银装素裹，泥栎河上覆盖着厚厚的冰雪。

出完早操，罗盛教记起河边扔着的两个打不响的手榴弹，用来练习投掷，比木制的得心应手，更能使上劲儿，于是就叫上石宝定，向河边走去。

北风狂吼，吹在脸上像刀子刮一样疼，黄棉帽的前檐上，结着白霜，寒气逼人，气温达零下二十多摄氏度。

抬头望去，玻璃一样的河面上，有四个朝鲜少年在滑冰。他们蹲踞在自制的滑雪车上，用两根小棍左右一撑，雪车子就飞快地滑动着，滑速升到一定程度时，孩子们就直起身来，两手平翘，像燕子在春风里展翅一样，疾速滑翔飞掠。四个少年像两对报春的雏燕，迎着罗盛教、小石飞了过来，最前面的是“小胖墩”崔莹，虎实精灵，最后一个是轻捷的明玉，活泼矫健。他们快活地招了下手，倏地滑了过去，后面扬起一缕缕雪烟雪雾。

罗盛教记得手榴弹就在前边那个小木桩附近。他俩扒开深深的积雪，聚精会神地搜寻，丝丝凉气锥子似的往鼻孔钻，冻得胡萝卜一样的手指，像被猫咬了一样难受。

从泥栎河沿山绕弯、流急水深的地方，传来尖利的叫声，划破了清晨的静谧。

罗盛教一回头，只见河中央有个孩子掉进冰窟窿里去了。那孩子因为穿着棉衣，水里又有雪车子，开始还乱扑乱打，周围的冰被打得连连断裂，后来，就没了力气，双手在水面上晃了一下，便没了影。岸上边三个孩子失声哭叫着往后退，有一个朝冰窟窿附近探着身子，企图把手里的小棍递给他。

事情发生得这样突然！冰层下水急，又那么冷！罗盛教的心仿佛一下子提到了嗓子眼。只见他一把抓起棉帽子往地下一扔，像离弦的箭，如脱缰的马，飞也似的冲向河边，石宝定紧紧随着他。

罗盛教一边跑一边连撕带扯地脱棉衣，棉衣扔在冰上，两只笨重的大头鞋被踢飞了，那一身白色的单衬衣在风中直抖，两边的山峦和树木旋转似的往身后奔驰！罗盛教边跑边向岸边的电线杆子一指："搬杆子过来！"小石立即朝杆子奔去。

罗盛教像蛟龙入海一样，猛地腾身跃起，跳进了冰窟窿。河水顿时浑浊了，从河底翻上了断鱼草。

三个孩子惊恐地瞪着溅起的水花与冰碴儿，不约而同地担着心：叔叔能把崔莹救出来吗？过了会儿，水面上"咕嘟嘟"鼓起一串白泡，一个湿淋淋的头露出水面，孩子们以为是崔莹，一声欢叫。仔细一看，是罗盛教，他脸色灰白，打着寒战，只见他很快换了口气，又钻了下去。

凌厉的北风呼呼地涌进冰窟窿，碎冰块在水面上撞击着。罗盛教又一次猛地钻出了水面，脸色像张白纸，头上滴滴答答挂着水，浑身肌肉都抽搐着。孩子们急得直摇手，想让罗盛教爬上来。

罗盛教扶住冰沿，他心如油煎，挺出水面，

对远处忙成一团的石宝定喊道："快呀！……快……"寒风呛得他喊不成声，无奈何，他给小石打了个飞快而坚决的手势，一耸鼻子，鼓起腮帮，又一次钻入水底。

栽在河边的长杆上，架着通往师部的电话线，线缠绕得很结实，石宝定差点急疯了，越急越扯不断。

水面上又是一阵晃动，终于伸出了两只通红的小手，接着是孩子的头，像旋风中那不稳的风筝一样，被冰层下的急流冲得摇摇晃晃，只见他眯缝着眼，两手乱抓。

在冰流下撑托着"小胖墩"的罗盛教，屏住气往上一举，孩子终于扒住了冰沿，颤抖地往上爬。在这最危急也是最珍贵的时刻，只见罗盛教回过头来，强睁双眼，嘴唇嗫嚅着，用最后的气力腾出一只狂抖的手，向着身后的崔莹无力地摆了摆。

由于严寒和劳累，罗盛教没有说出话来，但他这手势和眼神，却是异常坚决的命令：先救崔莹！

小石望着战友那坚毅的神色，完全明白了他的意思，急忙把杆子伸到崔莹手边。崔莹抱住了杆子，终于被拖了上来。

崔莹得救了！当小石再把杆子递向冰沿上的时候，竟不见了罗盛教！偌大的冰窟窿，像个凶险莫测的巨型虎口，呼啸的寒风，把一缕缕银粉粉撒进水里……

闻讯赶来的人们，带着斧子和铁锤蜂拥而至。崔大爷提着铡刀，老王头子拿着菜刀，帽子也没戴，匆匆奔来了。男女老少跪在冰上，一片又砸又砍的声音，满河里到处飞溅着冰渣子。

元善女老人家颤巍巍地赶来了，她躺在冰面上，像是要将老迈的身躯化作炽烈的炭火投进冰河，即刻融化严冰，温暖这冬日的天地。

人们终于从下游离冰窟窿几丈远的地方，捞起了罗盛教。“罗盛教！罗盛教！”无数个声音悲痛地呼喊着。

罗盛教安详地闭着眼，抿着的嘴角固执地微微下弯。他的脸色是那样平静，那样坦然，好像是给前沿送粮归来，轻快地走在山道上，又仿佛刚刚从敌机轰炸里救完了火，继续专注地填写他的统计表……

“小文书！……罗盛教！……”乡亲们、同志们的声音嘶哑起来，青松垂首，河水停息，万物都凝寂不动了。

罗盛教长眠在阿妈妮的臂弯里，他永远也不会回答雪地里、冰河上这令人心碎的呼唤了！又一次承受着深重的悲恸房东崔大娘噙着泪花，拖着沉重的脚步，默默回到罗盛教的住屋。她摸摸那方方正正的背包：这是他天蒙蒙亮时才打的，看看他自制的那把胡琴，她似乎又听到了抑扬的琴声；望着那张用弹药箱垫起的桌子，她仿佛看见罗盛教还在俯身写字……就在这桌前，罗盛教给崔大娘述说过，他远在祖国的妈妈，还在朝朝暮暮思念着他呀！想到这里，崔大娘黯然神伤……

元善女拄着拐杖，轻轻地走了进来，她默默地站在门边，轻声告诉崔大娘：想把自已那块茔地让给这位志愿军！崔大娘抹了把泪水说："那怎么成？你老孤身一人，又上了年纪。你能从美国鬼子刺刀下爬出来，谁不说你命大，谁不说就是因为你这块地风水好！"元善女预选的茔地是不错，在高山当中，在青松的怀抱里。

元善女却坚持说："志愿军把心掏给我们了，我拿什么报答呢？不了这个心愿，日后我就是葬在这块地上，魂灵也不得安宁！"

支部书记带着乡亲们来到侦察连，连队失去了往日的欢乐，笼罩在沉重、悲哀的气氛中。

午饭快放凉了，全连百八十个人没一个动碗筷的。李带箭红肿着眼，望着屋角的木制手榴弹，仿佛罗盛教还站在他面前，英勇地甩出一颗颗手榴弹。

炊事班静悄悄的，只有炉膛里的火苗闪闪烁烁，偶尔发出噼啪的爆裂声。老王头子从沉思中抬起头来：这劈柴，还是罗盛教昨天才从山上背下来的，满屋的锅铲、菜刀、油桶、面杖，哪一件不留有罗盛教的手印！泪水涌上了老王头子的眼睛。

连部班里，一片此起彼落的啜泣声。石宝定他们正在整理罗盛教的遗物：里边有他为连部班制订的学习计划，也有一则则最近的日记。好衬衣捐送给朝鲜孤儿了，剩下的这件他补了又补，补得平整，洗得干净。

支部书记强忍悲痛，要求侦察连把烈士的遗体交给他们，按照朝鲜人民最隆重的礼节安葬。

石田里忙碌起来了，乡亲们到十里以外的地方买来白布，阿妈妮拿起针线，啜泣着赶裁葬衣；崔莹一家伤心地哭泣着，准备最珍贵的祭品；元善女到山坡上，一遍又一遍清扫着早就打好了水泥基础的墓地；明玉、春女带着孩子们，从高山的积雪里挖来了幼嫩的松柏……

次日中午，崔莹和弟弟把烈士遗体用丝绸、白布裹上，中间穿上朝鲜衣服，外边穿上志愿军军装后，抬着向墓地走去。

支部书记望着烈士遗体，颤声地说：“乡亲们，记住他吧！他埋在大地里，也永远埋在我们的心里！”

被救的崔莹跪在墓前，悲痛地说：“罗盛教叔叔，我永远忘不了你的救命恩情，我们要世世代代纪念着你！我决心参加人民军，继承你的遗志，和志愿军一块，打败可恶的美国侵略者！”

人们洒着热泪，缓缓地挥动铁锹，把朝鲜人民用血汗滋润过的芳香泥土，轻轻地覆盖在烈士身上。

支部书记激动地说道：“就在这条河里，志愿军为救我们的孩子，献出了最宝贵的生命！乡亲们，让我们世世代代记住罗盛教的英名吧！”

朝鲜人民为了永远纪念罗盛教，朝鲜民主主义共和国最高人民会议常任委员会颁布政令，追授予罗盛教烈士一级国旗勋章及一级战士荣誉勋章，并将石田里改为罗盛教村，安葬他的佛体洞山上竖起了罗盛教纪念碑，碑上镌刻着金日成同志的亲笔题词：

罗盛教烈士的国际主义精神与朝鲜人民永远共存。

让我们永远凝视这巍峨的纪念碑吧，它是罗盛教英雄形象的再现，也是伟大的中朝友谊的一座历史丰碑。

中国人民志愿军政治部，为了表彰罗盛教同志的国际主义精神，给他追记特等功，同时授予“一级模范”“特等功臣”的光荣称号。中国新民主主义青年团中央委员会，追认罗盛教烈士为“模范青年团员”。